Transformaciones en el mundo
laboral a partir de la crisis de los
Estados sociales

Transformaciones en el mundo laboral a partir
de la crisis de los Estados sociales

Tesis de Grado
Aprobada en julio de 2009 -con la máxima
calificación-, por la Universidad Nacional de
General San Martín, Escuela de Humanidades,
para la obtención del Título de Licenciado en
Educación.

Autor: Aníbal Alberto Renzulli

KDP: Edición: 1 (12 de enero de 2015)

Vendido por: Amazon Media EU S.à r.l.

Idioma: español

ISBN: 9781980370826

Sello: Independently published

Dedicatoria

A mi padre...

RESUMEN

Los cambios que se sucedieron a nivel mundial en el contexto laboral, estuvieron intrínsecamente relacionados con el derrumbamiento del modelo de regulación fordista-keynesiano como régimen determinado para la acumulación capitalista, que sustentaron los Estados sociales. La crisis de dicho modelo de regulación, resultó determinante para que los Estados capitalistas de los países desarrollados incorporen un nuevo marco político-económico derivado de las corrientes del pensamiento neoliberal, que pudieron consolidarse a nivel mundial mediante la introducción de la globalización de mercado y a partir de las nuevas características que asume la intervención del Estado, lo cual, resultó funcional a las estrategias de flexibilización en las condiciones de contratación y uso de la fuerza de trabajo implementadas por el capital, para emprender una reestructuración del sistema de acumulación que indujo a una radical trasformación del contexto productivo y laboral de orden mundial durante las dos últimas décadas del siglo pasado, y que estuvo deliberadamente orientada en desmedro de la clase trabajadora.

El desarrollo del presente escrito tiene por objeto exponer el impacto que tuvo sobre el mundo del trabajo el desmoronamiento de los Estados sociales desatado a mediados de los años setenta, y los efectos que esto produjo en los trabajadores durante las dos últimas décadas del siglo pasado, a la vez que se propone reconocer y describir cuáles fueron las circunstancias que originaron la configuración de un nuevo escenario laboral, tanto para el contexto de los países desarrollados y los de

América Latina, como, particularmente en Argentina.

La forma de trabajo escogida se enmarca dentro de la metodología de indagación y análisis bibliográfico. El escrito es de carácter exploratorio y está sustentado, esencialmente, desde diversas producciones de diferentes autores que han profundizado sobre determinadas problemáticas que configuran el tema que aquí se presenta.

ÍNDICE GENERAL

INTRODUCCIÓN

El Estado representa la relación básica de dominación que existe en una sociedad, la que divide a los dominantes de los dominados en una estructura social (cfr. O'Donnell, G., 1985, p. 291). No se constituye de manera externa a la sociedad o surge posteriormente, sino que está intrínsecamente unido a la constitución de la sociedad capitalista, debido a que es el garante de la relación social capitalista. Ciertamente esta relación antagónica y asimétrica es la que le da su carácter representativo, y la que lo diferencia de otras relaciones sociales. Las relaciones de dominación no se someten a lógicas autónomas y abstractas de circulación del poder, sino que se cimientan en las relaciones sociales de producción, y el Estado al ser garante de ellas, lo es de ambos sujetos sociales que las personifican -capitalistas y trabajadores-, por ello su aparente postura de estar apartado de los antagonismos que aquellas engendran. Pero no es un árbitro neutro, ya que se obliga a reproducir la asimetría que está en la base de la relación social del capital y a diferencia de ser -como aparenta- una forma separada de la sociedad, es un momento necesario de su reproducción. Precisamente, su condición de garante de esta relación social del capital es la que lo convierte en capitalista (cfr. Thwazites Rey, M., 1999, p. 4).

En las últimas décadas los cambios ocurridos a nivel mundial en el escenario laboral, se hallaron en relación directa con la crisis de los Estados sociales[1] (de bienestar) desencadenada a principios de los años setenta del siglo pasado. Para entonces, precisamente lo que entra en conflicto es el modelo de regulación fordista-keynesiano como régimen determinado para la acumulación capitalista.

La implementación de otro esquema regulador de las relaciones laborales fue determinante en la configuración de los nuevos procesos y formas de trabajo, con objeto de obtener una mayor productividad del trabajador y la subordinación del trabajo al capital.

Así como en otros tiempos el taylorismo o el fordismo conformaron un modelo determinado

---

[1] En el escrito la denominación de Estados Sociales o Estado de Bienestar se utilizará indistintamente sin representar connotaciones diferentes.

de regulación, cuya finalidad esencial se centraba en disciplinar y condicionar al trabajador en función del logro de la competitividad y valoración del capital, cuando el modelo no responde a las expectativas del capital su reestructuración se determina cambiando y acomodando las relaciones sociales de producción al momento coyuntural, lo que conduce a que la organización del trabajo y las relaciones laborales se modifiquen en relación a la racionalidad económica que demande los intereses de mercado (cfr. Añez, C., Useche, M. C., 2003, pp. 210-211).

Esto implicó la apertura de un proceso de reestructuración del sistema de acumulación capitalista y, como derivado de ello, una profunda modificación no sólo respecto a las formas de producción fordista sobre las que otrora se sustentaba, sino también en las condiciones de contratación y uso de la fuerza de trabajo.

No obstante, la definición y puesta en práctica de una sucesión de modificaciones en el ámbito laboral encauzadas desde el capital, y presentadas como condición necesaria para el sostenimiento de una clase trabajadora adecuada a las exigencias y esquemas de un nuevo modo de producción universalizado, sólo fueron posibles mediante la ordenación de los Estados hacia la alineación de una política-económica consustanciada con los postulados sostenidos desde pensamiento neoliberal, cuyos partidarios si bien argumentaron que la intervención del Estado representa una acción coercitiva a las libertades individuales, paradójicamente, incentivaron su intervención para la imposición de las leyes de mercado como eje de progreso individual y social. Es decir que, frente al derrumbe del paradigma fordista-keynesiano sustentado por los Estados sociales, la creciente legitimidad que por entonces ganan la ideas neoliberales no sólo van a alentar por el arribo del libre mercado como eje del progreso individual y social, sino también por otra forma de intervención del Estado.

A su vez, para explicar los cambios en la economía y las ideas económicas, las políticas neoliberales se valieron de sustentación en la modernización económica posibilitada por la introducción de nuevas tecnologías derivadas de la revolución informática y de las comunicaciones, que permitieron la intensificación de los flujos económicos y financieros en todo el mundo (cfr. Rapoport, M., 2002, p. 360), y, al mismo tiempo, una creciente profundización y propagación de las relaciones políticas, económicas y sociales entre las diferentes sociedades. Por otro lado, también vieron en el avance competitivo japonés, el cual se asentaba en la flexibilidad del trabajo y de los procesos de producción, otro elemento para la fundamentación de sus políticas antiestatistas (cfr. Medina Núñez, I., 1998., p. 42), a razón de alcanzar la eficiencia de los recursos.

Globalización de mercado y flexibilización fueron innovaciones que, junto al avance tecnológico, resultaron ser funcionales al capital para emprender un proceso de homogenización en la organización del trabajo y en las condiciones del trabajador a nivel global, en las últimas dos décadas del siglo pasado.

Indudablemente, la crisis de los Estados sociales y el desmoronamiento del régimen de acumulación fordista desatado en los países capitalistas desarrollados junto a los nuevos dictámenes que esto aparejaba, repercutió en el contexto latinoamericano ocasionando intensas modificaciones políticas, económicas y sociales en los países de la región, que también habían incorporado -con sus particularidades- los fundamentos del modelo fordista-keynesiano para sus Estados, los cuales, a partir de ello, fueron señalados en sus diferentes etapas como populistas o desarrollistas según las características que habían asumido.

Asimismo, el endeudamiento público contraído por estos países desde los años sesenta a partir de los préstamos otorgados por instituciones financieras multilaterales, propiciaron el creciente condicionamiento de sus políticas debido al acrecentamiento de sus deudas externas, su posterior falta de poder de pago y, como resultante de esto último, la imposibilidad de obtener nuevos créditos, debiendo ceder ante las recetas económicas emanadas principalmente por el FMI (Fondo Monetario Intencional) y el BM (Banco Mundial).

Esto generó la imposición de los planes de ajuste estructural, ya que los países endeudados que rechazaban dichos planes no podrían recibir ningún préstamos del FMI y de los gobiernos del norte (cfr. Toussaint, E., 2002, p. 306).

Así, desde la mitad de la década del ochenta y durante los años noventa bajo la noción de ajuste estructural, se buscó implementar un proceso de políticas y reformas destinadas a crear determinadas condiciones básicas para poner en marcha una nueva modalidad de desarrollo. El contenido de estas reformas (apertura económica, privatizaciones, desregulación del sistema financiero, de los mercados de bienes y del régimen laboral) se disponía como condición para el apoyo financiero que solicitaron los países de la región (cfr. Calcagno, A., 2001, p. 76).

El transcurso del período que se inicia desde mediado de los años setenta y el decenio de los ochenta en Latinoamérica, representó un trayecto de progresivo debilitamiento de políticas de carácter keynesiano, constituyéndose en una etapa de transformación hacia el arribo de políticas neoliberales, que para los años noventa se presentarían con toda su intensidad a partir de la aplicación generalizada en el territorio del programa de reformas establecido por el Consenso de Washington.

Durante estos años, los Estados de la región emprendieron una etapa de intensificación de las interacciones globales enmarcadas en el proceso de internacionalización del capital, e introdujeron medidas políticas que modificaron su naturaleza estructural y limitaron su capacidad de acción y autonomía, alterando drásticamente sus funciones sustanciales y las condiciones del conjunto social, principalmente de la clase trabajadora quien fue la destinataria directa del nuevo escenario laboral.

Dentro del contexto nacional, la implementación de las políticas neoliberales que se llevaron adelante en los años noventa, reafirmaron y profundizaron un camino abierto en el país durante la irrupción del último proceso dictatorial (1976-1983), en el cual se promovió un nuevo modelo de acumulación tendiente a la desindustrialización y el debilitamiento de los trabajadores, que se fundamentó en el capital monopolista y financiero, y la reprimarización de la economía.

Las principales problemáticas que aquí se desarrollan giran alrededor de los siguientes interrogantes generales: ¿qué factores determinaron el alejamiento del modelo de regulación fordista-keynesiano como régimen determinado para la acumulación capitalista en los Estados sociales de los países desarrollados, y de qué manera repercutió esto en los Estados de los países Latinoamericanos? ¿Qué incidencia tuvieron los postulados del pensamiento neoliberal en la conformación de un nuevo esquema regulador de las relaciones laborales y en la reestructuración del sistema acumulación capitalista? ¿Cuáles fueron los nuevos fundamentos sobre los que se asentaron los Estados a partir de su alineación con el marco teórico-político del pensamiento neoliberal? ¿De qué manera la acción de los Estados fue funcional al capital para emprender un proceso de homogenización en la organización del trabajo y en las condiciones del trabajador a nivel global? ¿Cuáles fueron las transformaciones que se sucedieron en el ámbito laboral y qué implicancias tuvieron en los trabajadores? ¿Qué características asumió la introducción del modelo económico liberal en Argentina y de qué forma impactó su implementación en el escenario laboral y productivo? ¿Qué modificaciones introdujo en el contexto nacional la reforma estructural del Estado en los años noventa y qué implicancias tuvo para el capital y los trabajadores?

El carácter de este escrito se encuadra dentro de un análisis que procura exponer la incidencia que tuvo sobre el mundo del trabajo el desmoronamiento de los Estados sociales desatado a mediados de los años setenta, y los efectos que esto produjo en los trabajadores durante las dos últimas décadas del siglo pasado.

Tiene como propósito reconocer y describir cuáles son precisamente las circunstancias que originaron la conformación de un nuevo escenario laboral, y de qué manera la ordenación de los Estados hacia la alineación de una política-económica consustanciada con las premisas del pensamiento neoliberal, determinaron, en acción conjunta con el capital, las nuevas condiciones laborales de los trabajadores.

Pretende brindar una contribución analítica sobre las transformaciones acaecidas en el ámbito laboral, a razón de la importancia que adquiere comprender el impacto que tuvo la acción deliberadamente sostenida desde el modelo económico neoliberal, abrazado por el capital e implementado por los Estados, sobre el contexto productivo y el conjunto social.

El abordaje de dicho análisis, se nutre desde diferentes áreas de conocimiento: sociología, economía e historia, que de manera articulada conforman el sostén que permite la consideración de determinados temas centrales que hacen a la coyuntura de la problemática planteada.

En primer término, con carácter ampliatorio para una mejor compresión sobre las problemáticas medulares que llevan a este trabajo, se tratan cuestiones referentes a las circunstancias que propiciaron la emergencia de los Estados sociales tanto en el contexto de los países desarrollados como en los de Latinoamérica; los principales fundamentos sobre los que se asentaron para la determinación de sus políticas en ambas coyunturas; se caracteriza la forma de organización del trabajo taylorista-fordista y al fordismo como régimen de acumulación, y, por último, se analizan los factores primordiales que determinaron la crisis de los Estados sociales.

En segundo término, por un lado, se plantean los principales postulados del pensamiento neoliberal; el origen de sus impugnaciones sobre el Estado social, sus propuestas ante la coyuntura de crisis de mediados de los setenta, y las características que asumió su implementación generalizada en los Estados de América Latina. Por otro lado, se tratan las transformaciones acaecidas a nivel mundial en el contexto laboral a partir de la reestructuración del sistema de acumulación capitalista, sostenida -fundamentalmente- en la globalización de mercado y la flexibilización de la fuerza de trabajo, los procesos productivos y los mercados de mano de obra, que, entre otras cuestiones, llevaron a la homogenización en la organización del trabajo y de las condiciones del trabajador.

Por último, se aborda de qué manera la introducción de las políticas económicas neoliberales en Argentina sirvieron como sustento político para la subordinación de los sectores populares, y cómo la implementación del programa de reforma del Estado efectuada en los años noventa en el país, determinaron un proceso de valorización del capital que fue concomitante a otro de descomposición productiva y laboral.

El escrito está sustentado desde diversas producciones de diferentes autores que han profundizado sobre determinadas problemáticas que configuran el tema que aquí se presenta, pero además, a través de otras fuentes secundarias vinculadas con datos estadísticos e información brindada por distintos organismos internacionales desde sus sitios correspondientes en la Web, como también revistas especializadas, adoptando como metodología de trabajo la indagación y el análisis bibliográfico

Para el desarrollo de la temática de investigación elegida y el tratamiento de las fuentes seleccionadas, se establecen las tres siguientes categorías generales de análisis:

- Configuración y crisis de los Estados Sociales
- Neoliberalismo y Flexibilización
- Disciplinamiento laboral en Argentina

CAPÍTULO 1

CONFIGURACIÓN Y CRISIS DEL ESTADO SOCIAL O "DE BIENESTAR"

CAPÍTULO 1
CONFIGURACIÓN Y CRISIS DEL ESTADO SOCIAL O "DE BIENESTAR"

1.1. FUNDAMENTOS DEL ESTADO SOCIAL

La historia de la democratización del Estado capitalista no concluye en la generalización del sufragio a las clases y grupos subalternos, sino que es también la del inicio de sus compromisos sociales y de políticas públicas encaminadas a subsanar las inequidades generadas por el mercado, a través de la introducción de instrumentos redistributivos del poder económico. La propuesta de una democracia capitalista contó con un alto grado de credibilidad y legitimidad popular, porque la performance reformista del Estado keynesiano garantizó por medio de sus políticas sociales la igualdad abstracta del ciudadano[2]

---

[2] La idea de ciudadano dentro de este contexto, alude al concepto sociológico de ciudadanía que procede de la formulación de T.H. Marshall, quien argumentó que la ciudadanía es un *status* de plena pertenencia de los individuos a una sociedad y se otorga a quienes son miembros a pleno derecho de una determinada comunidad, en virtud de que gozan de derechos en tres ámbitos: civil, político y social. El ámbito civil comprende los derechos necesarios a la libertad individual (libertad personal,

consiguiendo un correlato material, aunque parcial e insuficiente (cfr. Borón, A., 2003, pp. 189-190).

El Estado de bienestar reside en un proceso en el cual se han resignado en la práctica algunos elementos de la teoría liberal del Estado. Concretamente, supone que el Estado ha dejado de ser no intervencionista y ha pasado a preocuparse por lograr condiciones de pleno empleo, un sistema de seguridad social que resguarde a la totalidad de la población, la generalización de un alto nivel de consumo y la garantía de un mínimo nivel de vida aceptable que incluya a los más desfavorecidos (cfr. Camejo, A., 2005, pp. 232-233).

El quiebre de la bolsa de Nueva York de 1929[3] y, como derivado de ello, la gran depresión de

---

palabra, pensamiento, fe, propiedad y posibilidad de suscribir contratos, y el derecho a la justicia). El ámbito político implica el derecho a participar en el ejercicio del poder político, ya sea como miembro de un cuerpo provisto de autoridad política o como elector de los miembros de tal cuerpo. Y por último, el ámbito social engloba tanto el derecho a un *modicum* de bienestar económico y seguridad como a tomar parte en el conjunto de la herencia social y a vivir la vida de un ser civilizado, de acuerdo con los estándares prevalecientes en la sociedad (cfr. Gordon, S., 2000, p.23).

[3] El 19 de octubre de 1929 se origina la gran crisis de la economía capitalista, donde la caída de la bolsa de valores de New York provocó que las acciones salieran al mercado a precios cada vez más bajos sin encontrar compradores.

la década de los años '30, representó uno de los factores fundamentales que viabilizó la introducción de una nueva ordenación por parte del Estado que tuvo por objeto paliar la crisis económica de entonces.

Fue la Teoría General de Keynes la que orientó la configuración de las nuevas políticas sociales implementadas por el Estado social o "de bienestar", permitiendo controlar y prevenir crisis económicas que perturben el régimen de acumulación capitalista y convirtiéndose en decisivas para la expansión de las economías de las potencias capitalistas de posguerra.

Keynes revolucionó los fundamentos aceptados de los economistas de su tiempo al configurar una estrategia consciente de regulación y organización del capitalismo, ya

---

Las empresas se desplomaron y restringieron la demanda al mínimo, los bancos renunciaron a otorgar créditos y las fábricas empezaron a acumular materias primas que no se podían manufacturar. Las compañías decidieron despedir gran parte de sus trabajadores y al cabo de un breve periodo en Estados Unidos alrededor de doce millones de obreros quedaron sin trabajo y la población activa que aun se encontraba ocupada sufrió una baja en sus salarios, lo que generó que las compras de bienes de consumo decayeran sustancialmente. Rápidamente, también Europa se vio afectada por la crisis, alcanzando niveles altísimos de desocupación. Por su parte, los países subdesarrollados sufrieron la crisis con bastante intensidad por la enérgica reducción de sus exportaciones (cfr. Ramírez Moreno, H., 2002, pp. 93-94).

que no sólo proclamó el fin del laissez-faire, sino que, además, delineó un elaborado conjunto de preceptos que en la práctica concedían al Estado el papel rector en el proceso de acumulación capitalista (cfr. Borón, A., op. cit., p. 186).

Un conjunto de medidas tendientes a reactivar el aparato económico a través del incremento de la inversión, el consumo y la ampliación del bienestar social se tornan primordiales por medio de la intervención del Estado, idea central en la teoría Keynesiana, que adopta como principio que "un mercado no regulado, sin interferencias, dará lugar a un incremento lento e inestable, a la desocupación de los recursos (trabajadores cesantes y maquinarias ociosas) y al consiguiente descrédito del sistema capitalista" (cfr. Valenzuela. C., 1992, p. 11).

La innovaciones políticas y sociales caracterizadas por New Deal y el Social Security Act de 1935 implementadas en Estados Unidos -devaluación del dólar, un sistema de crédito estatal, reglamentación de precios agrícolas, control de los bancos, programas de trabajo para los desempleados, transformaciones sociales en relación con reglamentaciones del tiempo de trabajo y del salario mínimo, legislación del derecho de huelga y la inauguración del principio de seguridad social- ejercieron una gran influencia no sólo en la economía y la sociedad americana, sino que, además, la implementación de políticas intervencionistas por parte del Estado se difundió en el conjunto del mundo industrializado en el marco de un capitalismo organizado, que configuró la estructura global de las sociedades modernas a partir de la creciente propagación de los servicios públicos, como la educación y la sanidad; el establecimiento de un sistema fiscal asentado en el impuesto progresivo sobre salarios y riqueza; la creación de una política de defensa sobre el derecho de los asalariados; la redistribución de la riqueza para asegurar el mínimo vital a todos los ciudadanos; la formación de un sistema de rentas para las personas de la tercera edad que les garantice un salario, y una política de pleno empleo para disminuir los efectos económicos y sociales del paro (cfr. Aracil, R., Oliver, J., Segura, A., 1998, pp. 181-182). Esencialmente, desde la nueva representación que asume el Estado -primero en los Estados Unidos y luego de la segunda guerra mundial en Europa-, se buscó incorporar una política de bienestar social para las personas y establecer cierta seguridad en la renta regular de los trabajadores a fin de estimular el consumo, pero, fundamentalmente, el objetivo se asentaba en afirmar la conservación y la expansión del capitalismo[4].

---

[4] La política del Estado social keynesiano se extrapoló a nivel internacional, otorgándose los Estados Unidos la responsabilidad de resguardar el bienestar internacional. La reunión de 44 países en Bretton Woods, buscó reestructurar el sistema de base económica occidental teniendo como principal propósito, la implementación de un sistema monetario internacional que brinde estabilidad a las transacciones comerciales, con un tipo de cambio sólido y estable basado en el dólar norteamericano como moneda de referencia, para lo cual se adoptó un patrón de oro-divisas -equivalencia fija entre oro y dólares, establecida en 35 dólares la onza de oro-. Sus objetivos fundamentales eran mantener la estabilidad económica, impulsar el crecimiento económico mundial y estimular el intercambio comercial entre las naciones. Así mismo, se crearon instituciones internacionales -el Fondo Monetario Internacional (FMI), El Banco Mundial (BM) y, ulteriormente, el Acuerdo General de Aranceles Aduaneros y el Comercio (GATT) -sustituida esta última en 1995 por la Organización Mundial de Comercio (OMC)-, diseñadas para el desarrollo de la economía, la prevención de crisis monetarias y pánico financiero, promover la integración global de las economías y la ayuda a países en desarrollo, y, en general, la conservación y expansión del sistema capitalista.
"El acuerdo Bretton Woods de 1944 convirtió al dólar en moneda de reserva mundial, y amarró con solidez el desarrollo económico del mundo a la política fiscal y monetaria americana. Los Estados Unidos operaron como banquero del mundo a cambio de una abertura de los mercados de capital y de mercancías al poder de las grandes corporaciones" (Harvey, D., 1998, p. 160).
La apertura a la inversión extranjera y el mercado externo -sobre todo en Europa- le permitió a Estados Unidos superar los límites de la demanda efectiva interna,

En este contexto, el desempleo se transformó en el mayor riesgo social del cual el Estado, prioritariamente, debía proteger a sus ciudadanos. De manera que la nueva política de seguridad social carecía de razón si no iba ligada a una política de pleno empleo (cfr. Aracil, R., et al, op. cit., p. 183).

El Estado se convierte, a partir de su intervención, en un elemento dinamizador del sistema económico, cuya finalidad esencial era estimular la producción[5] orientando la política

---

colocando el excedente en otra parte. A su vez, con relación a los insumos, la apertura al comercio exterior significó la globalización de la oferta de materias primas generalmente más baratas (Ibídem).
A través del Plan Marshall (1947), Estados Unidos transfirió a Europa más de 12.000 millones de dólares -principalmente en forma de pedidos de materias primas, víveres, combustibles, etc.-, que revitalizaron aún más la economía americana (cfr. Aracil, R., et al, op. cit., p. 248).

[5] "El período de posguerra asistió al surgimiento de una seria de industrias fundadas en tecnologías desarrolladas en los años de entreguerras [...] Automóviles, construcción de barcos y equipos de trasporte, acero, petroquímica, caucho, artefactos eléctricos para el consumo, y la construcción, se convirtieron en mecanismos propulsores del crecimiento económico centralizado en una seria de regiones de gran producción de la economía mundial -el Medio Oeste de los Estados Unidos, el Ruhr-Renania, los West Midlands en Gran Bretaña, la región productiva de Tokio-Yokohama-. La fuerza de trabajo privilegiada en estas regiones formaron uno del los pilares de una demanda efectiva en rápida expansión. El otro pilar estaba en la reconstrucción de las economías destrozadas por la guerra, apoyada por el Estado [...] Estas regiones clave de la economía mundial, coordinadas por centros financieros interrelacionados -con los Estados Unidos y Nueva York

de gasto e inversión y corregir los desajustes que se iban produciendo. El Estado adquiere la función de reactivar la economía, principalmente en los períodos en los que el crecimiento constante no estaba garantizado debido a las fluctuaciones en el mercado. A su vez, por medio de su política social, se compromete a una distribución de la renta mediante la financiación de un extenso sistema de servicios sociales de carácter asistencial y seguridad social, articulado en torno a un principio de reparto que ha ido suplantando al de los seguros privados[6]; promover el pleno empleo, instaurando una política de concertación social que garantice elevados

---

en la cumbre de la jerarquía-, trajeron provisiones masivas de materias primas del resto del mundo no comunista y llegaron a dominar con sus productos un mercado masivo cada vez más homogéneo" (Harvey, D., op. cit., p. 155).

[6] Inicialmente, los servicios eran gestionados por las propias empresas o, en la mayor parte de los casos, por los sindicatos con las subvenciones proporcionadas por el Estado, pero con el tiempo esas atribuciones son adoptadas por el Estado que desplaza a los organismos privados, sindicatos u otras instituciones de la sociedad civil y amplía esa cobertura al conjunto de la población. Antes de la Primera Guerra Mundial, tales beneficios cubrían sólo a una ínfima parte de la población que no llegaba al 20%. En cambio, a partir del fin de la Segunda Guerra Mundial y los años de crecimiento que se produjeron, la seguridad social alcanzó a cubrir el 80 % de la población en Europa Occidental (cfr. Aracil, R., et al., op. cit., p. 182).

salarios y otras ventajas laborales; facilitar los recursos necesarios para promover el consumo interno, y contribuir al mantenimiento de la productividad (cfr. Camejo, A., op. cit., p. 234).

Pero la introducción del Estado social no surge sólo como un mecanismo que permita superar las crisis económicas dadas por una economía de mercado. El Estado social también fue consecuencia de las disputas sociales de fines del siglo XXI y principios del XX, contexto en el cual, por un lado, las organizaciones y grupos de poder presionaban por lograr sus objetivos de acrecentar la rentabilidad de su capital, y, por otro lado, la clase trabajadora luchaba por la obtención de un sistema de implementación social que les asegure una mejora en sus condiciones de vida. Por lo tanto, existía una relación antagónica entre la productividad económica de las organizaciones y grupos de poder, y la productividad social de la fuerza laboral, teniendo el Estado la responsabilidad de dar respuesta al conflicto. De manera que la ampliación de los beneficios sociales fue también corolario de la capacidad de presión de los sectores populares.

La construcción del sistema político de protección social, estuvo rigurosamente ligada al aumento de la fuerza del movimiento sindical, aunque paralelamente el movimiento sindical también se incorporó de forma menos conflictiva en el Estado y en la sociedad (cfr. Aracil, R., et al, op. cit., pp. 183-184).

El interés del capitalista por estimular la demanda y el interés de los trabajadores por mejores condiciones de vida, llevaron al Estado a introducir políticas de seguridad social, cohesionando y regulando las relaciones sociales, para obtener la acumulación sostenida del capital y la neutralización de la resistencia de la clase trabajadora al incorporar sus derechos sociales al gasto social. De esta manera, el Estado se configuró como el medio principal de reproducción social, desviando la finalidad política de los sindicatos por medio de su introducción en las estrategias estatales, pero en términos funcionales y no como corolario de la conciencia de clase, cambiado el rumbo de la lucha hacia la aprobación de las estrategias del desarrollo y explotación del capitalismo, atenuando, de esta forma, el conflicto en la empresa y en la sociedad (cfr. Añez, C., 2004, p. 75).

El Estado keynesiano requería hacer compatible dos lógicas difíciles de armonizar:

una, de carácter económico, orientada a la reactivación y estabilización de la acumulación capitalista; y otra, de naturaleza política, propensa a fundar la paz social, institucionalizar los antagonismos societales y establecer un orden burgués estable y legítimo (cfr. Borón, A., op. cit., p. 187).

El Estado como una forma de garantizar el orden social, redefine las relaciones entre el capitalista y los trabajadores, logrando un amplio consenso e integración política entre dichos actores, situación que lo hace responsable de la negociación y conciliación de los intereses de las clases sociales - reformas en las legislaciones del trabajo, orientadas hacia la regulación del proceso productivo, la ampliación de los derechos de los trabajadores, la regulación del despido por parte del empresario, la introducción de beneficios en torno a la salud, la seguridad y control sobre el ambiente de trabajo, entre otros, extendiéndose, por ende, los derechos de los trabajadores-. El reconocimiento de las clases sociales por medio de la legalización de la clase obrera y sus organizaciones, reguladas estas con normas específicas y encauzadas por las instituciones estatales, conformaron al Estado en regulador de la economía y el conflicto social, instituyéndose este como el actor consensual y planificador del crecimiento económico y social, y encargado de conservar el equilibrio social ante las luchas y demandas de clases antagónicas (cfr. Añez, C., op. cit., pp. 73-74).

El movimiento obrero renunció a cuestionar las relaciones de producción a cambio de la intervención estatal en el proceso de redistribución de la renta, de manera de asegurarse condiciones de vida más igualitarias, seguridad y bienestar por medio de los servicios de asistencia y defensa del empleo. Por su parte, los capitalistas aceptaron las políticas de distribución de las rentas a cargo del Estado -apoyando el bienestar de los sectores populares, ya que el gasto social era menor a la rentabilidad que les generaba-, pero demandando la intangibilidad de la propiedad privada de los medios de producción. De esta manera, se estableció un acuerdo político en el cual la clase obrera aceptó las prerrogativas de intangibilidad de los principios de la producción capitalista, a cambio de una política de rentas y de la aceptación, por parte de la clase propietaria, de sus propias instituciones (organizaciones y sindicatos).

"Quines no poseen los medios de producción aceptan la institución de la propiedad privada del capital, mientras que los dueños de los medios de producción aceptan las instituciones políticas que permiten a otros grupos expresar sus reclamos en términos de la asignación de los recursos y la distribución de ingresos" (Przeworski, A., Wallerstein, M., 1988, p. 37).

El acuerdo entre clases establecido políticamente dentro del Estado benefactor keynesiano, se concretó a partir de un crecimiento continuo de las instituciones estatales para procesarlo y, de esta manera, poder lograr conservar la confianza en que el Estado podía reconciliar la propiedad privada de los medios de producción con una conducción democrática de la economía, por medio de sus políticas y aparatos (cfr. Thwazites Rey, M., op. cit., p. 20).

"La democracia burguesa no podía socializar el poder político y los medios de producción, pero podía llevar adelante políticas muy activas de redistribución de ingresos y de reforma social que la dotaban de una profunda legitimidad ante los ojos de las clases populares europeas" (Borón, A., op. cit., p. 187).

En el contexto de los años sesenta, los sindicatos de las grandes empresas situadas en los países desarrollados afirmándose en la legislación nacional, concentraron su lucha en reajustar las medidas efectuadas por las corporaciones que iban en detrimento de los intereses de los trabajadores, y en la conquista de mejores condiciones de vida -salarios altos, reducción de la jornada de trabajo, pago de prestaciones y beneficio de programas sociales administrados por el Estado-. Asimismo, lograron obtener un espacio de poder en el interior de las industrias a partir de su participación en las negociaciones con el capital y el Estado. Las organizaciones sindicales intervinieron en las decisiones sobre la innovación tecnológica implementada en las fábricas e industrias por el empresario, preservando los derechos de sus afiliados, la estabilidad laboral, los beneficios y el proceso de valoración, lo cual residía en la creciente mejora de la calidad de vida de la fuerza laboral a costa del aumento de su productividad, criterio determinado por el capitalista y asumido por los representantes sindicales como alternativa para acrecentar el salario real. La presión de los sindicatos para la obtención de beneficios para sus afiliados, obtuvo el consentimiento de los propietarios de la producción, bajo el argumento que las demandas de la clase trabajadora debían satisfacerse para eludir conflictos dentro de las empresas, lo que permitió la prosperidad capitalista a cambio de unos beneficios que no se correspondían con la explotación del trabajador (cfr. Añez, C., op. cit., p. 74).

Sin embargo, el acuerdo de clases fue satisfactorio siempre y cuando la economía mantuviera su capacidad de crecimiento, en la medida en que ésta disminuía, el intercambio de bienes susceptibles de ser negociados en el mercado político competitivo -bienestar material a cambio de legitimidad política- se hacía más complicado y el consenso se deterioraba (cfr. Borón, A., op. cit., p. 187).

En suma, adoptando lo expresado por Harvey, la configuración e implementación de los poderes del Estado se solucionó sólo después de 1945, cuando el fordismo -conectado con el keynesianismo- se instituye en un régimen de acumulación "maduro, fecundo y definido", que se mantuvo indemne en lo fundamental hasta 1973. "En este período el capitalismo en los países capitalistas avanzados logró fuertes tasas de rendimiento económico, aunque de una estabilidad relativa. Se elevaron los niveles de vida, se frenaron las tendencias a la crisis, se preservó la democracia de masas y la amenaza de guerra intercapitalista se mantuvo en plano remoto" (Harvey, D., op.cit., p. 152).

1.2. LA ORGANIZACIÓN DEL TRABAJO TAYLORISTA-FORDISTA Y FORDISMO COMO RÉGIMEN DE ACUMULACIÓN

En el proceso de acumulación capitalista, resulta fundamental la regulación de las relaciones laborales por medio de modelos que establecen el proceso y formas de trabajo, encaminados hacia el logro de una mayor productividad del trabajador y a la subordinación del trabajo al capital. Entre los modelos reguladores se hallan -entre otros- el taylorismo y el fordismo. Dichos modelos tienen características comunes, en primer lugar, haber surgido en Estados Unidos y, en segundo lugar, componen innovaciones diseñadas en el seno de las fábricas transformándose en principios mundialmente aceptados para la regulación y compensación de la fuerza laboral, con el objeto de conseguir un mejor impacto en la inversión del capital y el empleo. Estos modelos, fueron diseñados de acuerdo a los intereses de los dueños de la producción, poniendo énfasis en el empleo, el salario directo, la calificación del trabajo, la jornada de trabajo, el proceso de trabajo, así como otros aspectos de carácter económico y social en relación a la fuerza laboral. La razón implícita se centraba en disciplinar y condicionar al trabajador en función de la búsqueda de la competitividad y valoración del capital (cfr. Añez, C., Useche, M. C., 2003, pp. 210-211).

La existencia de los diferentes modelos se genera en consonancia con la crisis del capital o cuando los modelos no responden a sus expectativas, ante estas condiciones su reestructuración es imperiosa, cambiando y acomodando las relaciones sociales de producción, previstas en cada momento coyuntural. Esta necesidad por parte del capital conduce a que la organización del trabajo y las relaciones laborales se transformen teniendo en cuenta la racionalidad económica que demande los intereses del mercado (Ibídem, p. 211).

El taylorismo estableció un nuevo paradigma en cuanto al proceso de trabajo, a la organización y racionalización de la producción, apoyado en métodos y técnicas que consistían en observar, estudiar, analizar y cronometrar los movimientos de los obreros especializados, para calcular el tiempo y el costo preciso de cada operación, con el objeto de establecer normas generales de producción que se emplearan de forma ineludible por todos los obreros que hacían una misma tarea -estandarización de los tiempos y formas de producción-, eliminando tiempos de inactividad para el incremento de la producción. A partir de la observación y apropiación del saber operatorio de los obreros especializados, se establecía la forma determinada de ejecutar cada tarea, el tiempo promedio -determinado a partir de los trabajadores más rápidos y calificados- y la cantidad de obreros que se necesitaban en cada caso, los cuales eran estimulados para intensificar sus tareas a través de una remuneración a destajo (cfr. Neffa, J., C., 1998, p 72).

Taylor hace del trabajo el fundamento de una teoría del crecimiento, entendiendo que sólo el aumento de la productividad del trabajo puede beneficiar el desarrollo del capital. El propósito de la administración científica de Taylor fue acabar con el oficio para terminar con el control obrero de los tiempos de producción, ya que consideraba que quien domina y establece los modos operatorios industriales se hace también dueño de los tiempos de producción, y en manos obreras este saber práctico de fabricación paralizaba el desarrollo del capital. El análisis de los tiempos y de los movimientos emerge como la respuesta buscada por el capital para delimitar y reducir la resistencia opuesta por el obrero de oficio[7] (cfr. Coriat, B., 1992, pp. 23-24).

Se buscó establecer una economía de movimientos y de tiempo de trabajo, reducir los costos unitarios de producción, simplificar el

---

[7] En la revolución industrial está el origen de los movimientos inmigratorios, la expropiación del pueblo campesino y la abolición en Europa de las leyes que prohibían la emigración. Los principales movimientos de inmigración hacia Estados Unidos, se dan entre 1815-1860 y 1880-1915. La estructura de la clase obrera se encontraba conformada, en primera instancia, de un número escaso de obreros de oficio y artesanos que habían pertenecido a las ligas y asociaciones obreras y reconstruiran sindicatos y asociaciones de defensa. En segunda instancia, una enorme masa de trabajadores expropiados del campo, sin especialización ni conocimiento del trabajo industrial y privados de asociaciones de defensa colectiva, componentes del segundo movimiento inmigratorio, que van a conformar las condiciones de la conformación del taylorismo y una reserva de mano de obra del capital americano. (cfr. Coriat, B., op. cit., pp. 24 a 30). "[...] En la diferencia entre la composición técnica de la clase obrera y su composición política (sus instrumentos y medios de defensa y lucha) es donde se puede captar la significación del taylorismo como estrategia de dominación sobre el trabajo" (Ibídem, p. 30).

trabajo e intensificarlo, para incorporar mano de obra poco calificada (cfr. Neffa, J., C., 1999, p. 72).

Los modos operatorios del obrero fueron sustituidos por un conjunto de prácticas de producción concebidas, fijadas y vigiladas por la dirección de la empresa. Este conjunto de prácticas -al principio locales y empíricas- alcanzaron la categoría de código general y formal del ejercicio del trabajo industrial que aseguraba la integración progresiva de los trabajadores no especializados, el incremento de la productividad y de la intensidad del trabajo -como también de la duración del trabajo debido a la reducción de los tiempos inactivos de fabricación-, y, esencialmente, la disociación de los trabajos de concepción y ejecución (cfr. Coriat, B., op. cit., pp. 35-36), lo que produjo la descomposición del trabajo a nivel del taller y a una estructura funcional de divisiones a nivel de las empresas -departamentos, gerencias y otros servicios funcionales- (cfr. Neffa, J., C., *Crisis y Emergencia...*, op. cit., p. 74).

En suma, a partir de la reorganización del proceso de trabajo dada por Taylor, se impone la disciplina del trabajo y de la fuerza laboral para incrementar la productividad y, por lo tanto, la valoración del capital. Esta reorganización fue universalmente aceptada, constituyéndose en la base de un nuevo ciclo de acumulación y propiciando como corolario el crecimiento de los mercados y el cambio de la estructura de la división internacional del trabajo, que desarrolló nuevas formas de explotación (cfr. Añez, C., Useche, M. C., op. cit., p. 214).

Empero, como lo expresa Lipietz, el crecimiento de la producción plantea la contradicción típica del capitalismo de quien compraría esa producción si existe la tentación de hacer trabajar más tiempo a los obreros y pagarle menos. En esa coyuntura se obtendría más producción y habrá un beneficio mayor, pero sólo los propietarios del capital -destinatarios del beneficio- podrían comprar mucho. Cuando sólo los destinatarios del beneficio pueden comprar mucho, hay un fenómeno de ciclo, ya que para los capitalistas el beneficio viene por el hecho de que la producción es vendida y, como la producción es vendida fundamentalmente a los capitalistas mismos o a los destinatarios de beneficios -los rentistas o asalariados de alto nivel-, se genera un círculo vicioso entre la realización de la producción y la posibilidad de tener un beneficio. Ese tipo de condiciones, es la raíz del carácter cíclico del capital de antes de la Segunda Guerra Mundial, en donde la solución principal era vender fuera del país. En la teoría del viejo Imperialismo, hasta principios del siglo XX, la búsqueda de mercados fuera del capital era la principal solución de ese problema. Cuando existían problemas para vender la producción lo hacían a otros países. Pero con la crisis de 1929, ese tipo de regulación por ciclo no funcionó mas llevando a cambiar el modo de regular el capitalismo. Ford introdujo una solución a la contradicción, que consistía en aceptar el crecimiento del consumo de masa, vender en masa para que los asalariados compren en masa, logrando de esta manera poder vender la inmensa producción. Para ello, el crecimiento del salario debía ser más o menos equivalente al crecimiento de la productividad más el crecimiento de precios, permitiendo el crecimiento en paralelo del poder de compra y de la productividad, y establecer un modo de regulación que se caracterice por la contractualización con legislación social y Estado benefactor, entre otras cosas, a nivel nacional (cfr. Lipietz, A., 1994, pp. 3-4-6).

Asimismo, dentro de dicho contexto, la organización sindical propició la creación de las condiciones objetivas para la representación y defensa de los intereses de los trabajadores, lo que ocasionó una importante expansión del sindicalismo, obteniendo un avance en la lucha por la autonomía y libertad de los sindicatos, distinguiéndose la presencia organizada de los trabajadores orientados por una definición política e ideológica socialista muy arraigada en el interior del movimiento sindical. Bajo esta posición se buscaba dar respuestas a las necesidades del mercado de trabajo, a través de programas económicos alternativos que proponían mejoras salariales y condiciones de trabajo. El sistema sindical con sus conquistas reivindicativas y de seguridad social, comenzó a convertirse en un obstáculo para el acrecentamiento de las ganancias, al mismo tiempo que el incremento de los costos de la mano de obra y la disminución de su efectividad, factores que favorecieron las condiciones objetivas para la formulación de nuevos modelos reguladores de las relaciones laborales (cfr. Añez, C., Useche, M. C., op. cit., pp. 214-215-217).

La organización fordista del trabajo introduce una nueva regulación de las relaciones laborales, fundada, según Jessop, en la extensión de la relación salarial, en una división técnica del trabajo asociada a la fabricación en serie de bienes estandarizados y cuyo componente característico es la introducción del trabajo en cadena, en el que las ganancias en productividad se pueden manifestar en aumentos salariales, en incrementos del consumo mediante el sistema de crédito al consumo y en aumentos de la demanda agregada, y en el abastecimiento de bienes colectivos, donde el modo de regulación del régimen fordista se pronuncia en un conjunto de normas e instituciones relacionadas al sistema de seguridad social (cfr. Jessop, B., 1999, p. 19).

El Término fordismo representa, de acuerdo con Hirst y Zeitlin, la producción en serie en el modelo de cadena de montaje, al utilizar maquinaria con fines especiales y, fundamentalmente, trabajadores no cualificados en una división del trabajo fundamentada en una creciente fragmentación de tareas. El ciclo fordista se caracteriza por la dominación de los mercados de masas y por bienes estandarizados que se conservan durante largo tiempo. El fordismo emerge de la eficiencia tecnológica de la producción planificada, que se cimienta en la separación entre concepción y ejecución, y de la eficiencia económica de fábricas de gran escala, dominado por la lógica económica, la lógica de la ventaja comparativa y del funcionamiento del mercado (cfr. Hirst, P. y Zeitlin, J. 1991, pp.13-14).

El Fordismo, al igual que el taylorismo, concibe a la fuerza de trabajo como un elemento fundamental de la reproducción del capital, realzando la mercantilización de las relaciones sociales y la universalización de la relación salarial, buscando una nueva manera de favorecer la regulación que satisfaga las necesidades del capital (cfr. Añez, C., Useche, M. C., op. cit., p. 217).

Las innovaciones técnicas y organizativas realizadas por Ford fueron una racionalización de las antiguas tecnologías del trabajo especializado. Ford reforzó la tendencia desarrollada por Taylor hacia una mayor división social y técnica del trabajo, pero empleando otros medios de trabajo que permitieron un gran incremento en la producción.

El proceso de trabajo fordista se articuló con las estrategias del taylorismo, incorporando un conjunto de innovaciones introducidas por Ford que radicaban en un alto grado de mecanización estructurado, en un principio, sobre la base de máquinas y herramientas de propósitos únicos a partir de los cuales se estructuró la línea de montaje (cfr. Neffa, J., C., *Crisis y Emergencia...* op. cit., p. 75).

La organización fordista del trabajo, añade al taylorismo la idea de que una vez que se produce la disociación entre Administración que concibe la organización y los obreros que la aplican, la administración puede introducir formas, puede concretar el saber hacer en un sistema automático de máquinas. La mecanización de tipo fordista es la cristalización del saber hacer antiguamente tomado por el taylorismo, a través de un sistema automático de máquinas (cfr. Lipietz, A., op. cit., p. 3).

Ford, va a asegurar la subdivisión del propio trabajo de ejecución, suprimiendo la necesidad de la destreza en todos los empleos de la mano de obra. A partir del transportador de cadena, la cadencia del trabajo queda regulada mecánicamente por la velocidad dada por el transportador que pasa delante de cada obrero para el montaje de las piezas fijas, idénticas, a partir del mecanizado: a la producción de piezas estandarizadas para hacer posible el montaje en línea por medio de un transportador central, generando esto, además de la pérdida de control del ritmo de trabajo por parte del obrero, el sometimiento a la uniformidad del movimiento dadas por las máquinas. La circulación constante, asegurada por el transporte de las piezas necesarias, permitía un aprovisionamiento continuo y regulado por parte del obrero. El principio de trabajo en la fábrica de Ford, se caracterizaba por hacer un taller o sección de taller por pieza y máquina agrupada por tipo de operación -principio de especialización-. Se efectúa el paso de la maquina universal que sólo podía manejar un obrero que poseía una gama variada de modos operatorios, a la máquina especializada que no requería de obreros especializados. La introducción del transportador de cadena, posibilitaba eliminar los tiempos inactivos del taller y convertirlos en tiempos de trabajo productivo, dando como resultado una prolongación de la duración efectiva de la jornada de trabajo. Con estas nuevas normas de producción, a partir de la entrada de la línea de montaje, se modifican las relaciones de trabajo, la escala de producción, la naturaleza de los productos y las condiciones de la formación de los costos de producción. Lo propio de la línea de montaje es haber asegurado las condiciones del paso a la producción en serie de mercancías estandarizadas, un incremento del rendimiento del trabajo y una aceleración del ciclo de capital productivo (cfr. Coriat, B., op. cit., pp. 40 a 50).

Dicho incremento de la productividad y aceleración del ciclo de capital productivo, se obtuvo -parafraseando a Neffa- por medio de los rendimientos crecientes a partir de la introducción de la escala de producción -en series largas que ofrecían productos homogéneos, destinados a un mercado solvente y en expansión-, previendo un elevado volumen de producción, programado no en función de la demanda sino de las ventas precedentes para lograr economías de escala que permitan obtener aumento de la productividad y reducción de los costos unitarios de producción, a fin de acrecentar a corto plazo las tasas de ganancia, para lo que se requería gran almacenamiento de materias primas, insumos intermedios y en menor medida de productos terminados, dada la magnitud y permanencia de la demanda. Por su parte, la organización de la producción se establecía verticalmente dentro de la misma empresa para hacer frente a la incertidumbre del mercado y reducir los costos de transacción -dando lugar al gigantismo e individualidades-, en la que se establecía condiciones de trabajo estables -contratos de trabajo por tiempo indeterminado y a pleno tiempo- y un sistema de remuneraciones según el rendimiento primero (Taylor) y luego según el tiempo de trabajo (Ford), previendo su periódica indexación en función de la inflación e incremento de la productividad (cfr. Neffa, J., C., *Crisis y Emergencia...* op. cit., pp. 76-77).

El fordismo se presentó como un régimen de acumulación sustentado en la producción en serie y el consumo masivo circunscrito al mercado interno. Bajo este supuesto, el fordismo implica un aumento de la productividad, cimentado en las economías de escala de la producción en serie, un incremento de los ingresos atados a la productividad, una demanda masiva creciente debido al aumento de los salarios, unos beneficios basados en el pleno uso de la capacidad, una inversión creciente en equipo y técnicas perfeccionadas de producción en serie, y un aumento posterior de la productividad. Este círculo virtuoso se muestra colmado de desequilibrios y contrariedades, las cuales deben superarse para permitir su ejecución por medio de "estabilizadores estructurales", y para ello, desempeñan un rol decisivo las políticas contra cíclicas keynesianas del manejo de la demanda y de los efectos estabilizadores del gasto público en bienestar, debido a que el fordismo es un modelo de acumulación en el cual se hace necesaria una serie de normas, instituciones, formas de organización, redes sociales y pautas de conducta que mantienen y guían el régimen de acumulación fordista (cfr. Jessop, B., op. cit., p. 20).

Para materializar el régimen de acumulación fordista, hubo que implantar un conjunto de ideas e instituciones que ajustaran de manera permanente el proceder de los capitalistas y los asalariados a las necesidades del régimen de acumulación, y esto es lo que se denomina como modo de regulación, es decir, lo que guía el comportamiento de todos los agentes dentro de una sociedad para satisfacer las necesidades del régimen de acumulación. Dichas instituciones fueron primero una forma de negociación que indujere a todos los patrones a asignar al mismo tiempo el mismo aumento del salario a todos los empleados. Con esta forma de contratación, de negociación colectiva, los patrones no se sintieron atemorizados por la competencia de los otros patrones que pudieran pagar un salario más bajo. Si bien las contrataciones colectivas no eran iguales en todos los países, esa contratación podía implicar la negociación, la existencia de firmas líderes que iniciaban la norma de progresión del salario, y el Estado podía intervenir usando el salario mínimo para inducir las remuneraciones hacia arriba. La combinación de la negociación, la forma de contratación, la presencia de firmas líderes y la acción del Estado con su legislación de salario mínimo pudo coordinar el aumento del salario. Una segunda forma de regulación del fordismo es el Estado benefactor, a través de una colectivización de la renta de manera tal que todos los asalariados tuvieran la seguridad de una renta cuando estuvieran enfermos, viejos o las mujeres embarazadas, porque la seguridad de la renta era la condición de acceso de los asalariados al consumo de los bienes durables (cfr. Lipietz, A., op. cit., pp. 4 a 6).

La esencia de los principios del fordismo se basaba en convertir a la fuerza de trabajo y al consumo masivo en elementos fundamentales del proceso de acumulación y valorización del capital, obteniendo su expansión y generando el aumento relativo del pleno empleo, condición imprescindible de la estructura económica para el logro del crecimiento, progreso y consumismo. Con el modelo fordista se asigna al Estado un papel intervencionista, delegándole las funciones de regular la fuerza de trabajo, los salarios y neutralizar los intereses de clase de los trabajadores a favor del capital. Asimismo, los sindicatos se convierten, como señala Bonefeld[8] "en dispositivos de integración de masas", teniendo como propósito asegurar la producción y la disciplina de los trabajadores encauzada hacia la política de la empresa, lo que afirma la regulación de los incrementos salariales, por medio de acuerdos corporativistas. Esta regulación por parte de los sindicatos, transmuta los intereses de clases en intereses por el consumismo, siendo esto una lógica del desarrollo capitalista (cfr. Añez, C., Useche, M. C., op. cit., p. 218).

Empero la negociación salarial fordista sólo era posible cuando el crecimiento estable de la

---

[8] Bonefeld, W, 1994, p. 53, ctd. en Añez, C., Useche, M. C., 2003., p. 218.

demanda permitía inversiones de tecnologías de producción en masa. Asimismo, otros sectores de la producción no estaban incluidos dentro de los beneficios del fordismo, ya que se encontraban sometidos a una forma de subcontratación ligada a bajos salarios y relaciones contractuales débiles, que generaron un proceso de diferenciación social dentro del nuevo tipo de sociedad de consumo en masa, desencadenando fuertes tensiones sociales que muchas veces se manifestaron como reivindicaciones raciales, de género o de origen étnico, debido a que tales características se convertían en factores que podían determinar quién tenía acceso al empleo privilegiado y quién no (cfr. Harvey, D., op. cit., p. 161).

1.3.   CARACTERÍSTICAS DEL ESTADO SOCIAL EN AMÉRICA LATINA

Las transformaciones en la economía mundial a partir de la crisis del 30', indujeron en América Latina al cambio de un modelo sustentado en la exportación de materias primas por otro basado en la industrialización sustitutiva de importaciones, el cual presentó distintas fases y se materializó diversificadamente en cada país de la periferia Latinoamericana[9]. A su vez, a diferencia de los países centrales, la consolidación de un capitalismo democrático no fue lo constitutivo de este período, sino que prevaleció un persistente desequilibrio político y una sucesión entre regímenes dictatoriales y democráticos débiles. Empero, la expansión de la intervención estatal, principalmente en el plano productivo, y el desarrollo de ciertas instituciones que permitieron la socialización de la fuerza de trabajo, posibilitaron considerar la presencia de "versiones periféricas" de Estado Benefactor (cfr. Thwazites Rey, M., op. cit., p. 22).

El Estado social cobró fuerza en la posguerra con sus diferentes etapas y regímenes: nacional-popular, desarrollista y burocrático-

---

[9] Con respecto a la organización del trabajo en Latinoamérica, De la Garza observa que en Argentina consistió en el control y la disciplina de la fuerza de trabajo. No así en México, centrado en políticas laborales, relaciones corporativo-sindicales y salario indirecto. En Brasil, la organización del trabajo "asemeja más a una rutinización". Esto indica, que las economías latinoamericanas, se volcaron más al paradigma taylorista que al fordista. Por lo tanto, "la etapa del taylorismo-fordismo estuvo conformada por desarrollos particulares en la aplicación de los principios de la organización del trabajo, ya que, no se generalizó la norma de producción en masa y de consumo" (De la Garza, E., 1999, pp. 128-129, ctd. en Rodríguez, M. C.; Mendoza, H., 2007, p. 235).

autoritario, y delineó una relación particular con la sociedad "en términos del modelo de acumulación (industrialismo sustitutivo), de legitimación (movimientista), de articulación de intereses (neocorporativo), de acción colectiva (movilización de masas), y cultural (igualitario o estatalista)" (García Delgado, D., 1998., p. 17). El Estado populista promovió una cierta redistribución del ingreso en favor de las sectores populares urbanos -con diferente intensidad según la particular coyuntura de cada país-, mediante un conjunto de políticas que incluían, entre otras cosas, el control de salarios y precios, y la ampliación de la seguridad social y de los gastos gubernamentales en salud, educación y vivienda (cfr. Borón, A., op. cit., p. 106).

De esta manera, las ideas keynesianas se propagaron rápidamente y fueron reinterpretadas por los Estados nación periféricos, quienes tuvieron una importancia cada vez mayor en la regulación del ciclo económico. Asimismo, durante la primera fase del populismo, las condiciones económicas de posguerra, permitieron a los Estados periféricos contar con algunas bases materiales que les proporcionaron cierta independencia, en relación a las condiciones que los Estados nación centrales fijaban a la "economía mundial constituida" (cfr. Thwazites Rey, M., op. cit., p. 23).

En América Latina, el desarrollo de la Justicia Social[10] fue corolario del movimiento regional y

---

[10] Los derechos del trabajador enumerados en la Constitución Argentina de 1949, durante el primer gobierno de Juan Domingo Perón (1946-1952), fueron considerados como la institucionalización de la concepción sobre la Justicia Social. El Estado intervendría allí donde el sistema de la libre iniciativa generara injusticias sociales. La Reforma incluía, además de los derechos del trabajador, la declaración del carácter inalienable de la propiedad nacional de los recursos no renovables, la autorización al estado para nacionalizar los servicios públicos, y la definición de la propiedad privada como un derecho natural limitado por la función social (cfr. Mecle Armiñana, E., 2001., pp. 41-42).

Asimismo se evidenció, entre otras cuestiones, "[...] una apreciable mejora en la distribución de los ingresos, llegando los asalariados a tener una participación del 50% del ingreso nacional; la entrada en vigencia de una serie de leyes sociales -jubilaciones y pensiones, aguinaldos, vacaciones pagas, convenios colectivos de trabajo-; el otorgamiento de beneficios diversos para los sectores de más bajos ingresos -construcción de viviendas populares, hoteles sindicales, etc.-; la transferencia de ingresos, mediante una política crediticia y mecanismos institucionales de manejo del comercio exterior, del sector agrario al industrial; y un proceso de nacionalización de las empresas de servicios públicos, sobre todo en los primeros años de gobierno. De todos modos, pese que Perón fue reelegido por una amplia mayoría de votos al termino de su primer mandato [...], en septiembre de 1955, en el marco de un enfrentamiento creciente con la Iglesia Católica y sectores opositores, el presidente se vio desplazado del poder por un golpe de estado cívico-militar. Este hecho inauguró una etapa de inestabilidad política en la Argentina que llevó finalmente a la dictadura militar de 1976" (Rapoport, M., 2007, p.7).

político denominado Populismo. El nuevo Estado Populista, junto a los movimientos obreros del siglo XX, se conformó en una fuerza política concluyente que, aliada con las clases medias y la burguesía industrial, disputó al Estado oligárquico su rol hegemónico (cfr. Mecle Armiñana, E., op. cit., p. 40).

El Estado oligárquico fue la forma estatal capitalista -una forma específica del tipo capitalista de Estado, que sentó las bases necesarias para el posterior establecimiento y extensión de las relaciones capitalistas de producción- correspondiente al período de predominio de la economía primario-exportadora y que fortaleció la supremacía indiscutida de las clases y fracciones ligadas al mercado mundial, sea en calidad de exportadoras de materias primas y alimentos, o bien, como importadores de bienes manufacturados, banqueros o financistas del comercio internacional. A su vez, la constitución del Estado oligárquico brindó ciertas condiciones que sólo podían satisfacerse mediante la organización de un aparato administrativo y coercitivo centralizado y de alcance nacional, para el avance del capitalismo (cfr. Borón, A., op. cit., p. 102).

La configuración y desarrollo de los Estados de la región, estuvo caracterizada por una evidente contradicción, definida por la coexistencia de un Estado moderno beneficiario de un ordenamiento constitucional, jurídico e institucional, con un modo de relación social tradicional de carácter oligárquico. De tal contradicción sobrevendría una doble realidad, representada, por un lado, por la necesidad de relacionarse con el capitalismo internacional de entonces y, por el otro, la de afirmar un dominio interno cuya base de relaciones sociales no era estrictamente capitalista. Esta disensión habilitó alianzas entre estratos sociales que poseían intereses diferentes, motivando el carácter contradictorio del Estado. De esta manera, para estos adversos sectores sociales de intereses y vinculaciones diversos, la problemática de su acción política no se centró únicamente en tratar de conquistar el control del aparato estatal, sino que se adjudicó una importancia relevante a la posibilidad de definir en el Estado y mediante él, un modo de relación (cfr. Falleto, E., 2003, pp. 3-4).

El debilitamiento de la hegemonía oligárquica derivada de la crisis del 29', fue reparado circunstancialmente ante el surgimiento del

Estado populista, quien intentó frente a la crisis de dominación oligárquica, establecer una hegemonía burguesa. Empero, tal propósito tropezó con enormes dificultades puesto que la burguesía se enfrentaba a un formidable dilema: o bien se adentraba resueltamente por el escabroso sendero de una revolución democrático-burguesa, resolviendo de una vez y para siempre las tareas pendientes que trababan el desarrollo capitalista, y muy especialmente la cuestión agraria y la liquidación de las bases materiales del dominio de los "junkers"[11] criollos; o, por el contrario, debía resignarse a conquistar su predominio económico bajo la protección de una alianza bonapartista en donde su proverbial incapacidad para construir su propia hegemonía -cuya expresión política fuese el estado democrático de base popular- la condenaba a ligar su destino a las decadentes clases agrarias, el autoritarismo de la institución militar y la prepotencia del capital imperialista. Esta situación de "hegemonía compartida", harto inestable por cierto, consagró la supervivencia de clases y

---

[11] Junker era una nobleza terrateniente que dominó Alemania durante el siglo XIX y principios del siglo XX.

fracciones retardatarias que eran antagónicas a todo proyecto de democratización y a las que la burguesía no se encontraba en condiciones de desafiar y con las cuales, por lo tanto, debía pactar. La amenaza inminente o larvada de una fervorosa movilización popular hizo el resto: ante el desmoronamiento de la alianza bonapartista que le garantizaba la pasividad política del proletariado, la burguesía -siguiendo un viejo hábito- prefirió adaptarse a los dictados de una coalición reaccionaria antes que tener que afrontar los riesgos de establecer su propio dominio hostilizando a sus aliados más recalcitrantes (Borón, A., op. cit., p. 105).

Por otro lado, así como la manera en que se relacionaban internamente los distintos grupos definían al Estado, la vinculación externa y las formas de conseguirlo se convirtió en una dimensión relevante en la constitución del Estado en América Latina. El carácter dependiente de la inserción de los países latinoamericanos en el mercado internacional, estableció una relación centro-periferia que introdujo como desafío por parte de los países periféricos, la necesidad de un desarrollo que implicaba la fijación de objetivos nacionales y cuyo logro se presumía función del Estado, ya que además de la condición periférica en estos países, se sumaba una situación de dependencia y desarrollo tardío, contexto en el cual el Estado se encontraba obligado a efectuar la mayor parte del esfuerzo para el desarrollo (cfr. Falleto, E., op. cit., p. 4).

La adopción de una estrategia que operó sobre la base de una demanda preexistente de bienes de consumo, determinó que la obtención de bienes de capital descansara fundamentalmente en la importación, configurando un modo de reproducción industrial esencialmente dependiente del exterior. De manera que el Estado debió hacerse cargo de funciones económicas correspondientes a actores sociales modernos inexistentes o muy débiles, y, a su vez, intervenir en la transformación social. Así, fue el Estado el que instauró la infraestructura económica y fortaleció al nuevo empresariado mediante políticas proteccionistas financiadas con divisas generadas por la exportación de productos primarios, e implementó políticas sociales de apoyo para la mutación del campesinado en asalariados urbanos. Al mismo tiempo, la migración del campo a la ciudad (debido a la mano de obra desocupada por la reducción en la demanda de productos agropecuarios) generó una problemática social que si bien, por un lado, causó la ruina de los sistemas culturales y familiares de comunidades locales, por otro lado, también estimuló el surgimiento de nuevas formas institucionales que conformaron un esencial instrumento de resarcimiento, mediante la creación de sistemas de seguridad y protección social, posibilitando el tránsito y la incorporación social de masas rurales a la vida urbana y a la condición salarial (cfr. Albuquerque de Castro, R., 2007, p. 6).

Con respecto al desarrollo de la industrialización, el Estado capitalista ocupó un papel fundamental, desplegando una amplia variedad de medidas de política económica tales como el control del comercio exterior y el manejo de las tasas de cambio e interés; creando oficinas de planeación, promoción y financiamiento del desarrollo económico; instalando grandes complejos industriales bajo control directo del gobierno y delineando una rigurosa política arancelaria tendiente a proteger la naciente industria nacional (cfr. Borón, A., op. cit., p. 106). Esto, a su vez, estuvo íntimamente ligado -dentro del plano ideológico- a la visión de la CEPAL (Comisión Económica para América Latina), que comenzó

a primar en la región a partir de los años 50',
favoreciendo la legitimación progresiva de la
planeación pública como instrumento de una
nueva relación Estado-economía. Dentro de
esta visión, el Estado representaba el factor
esencial para el desarrollo económico -
entendido principalmente como proceso de
industrialización-, y el único camino con etapas
precisas a cumplir para alcanzar el
crecimiento, a la manera de los países
desarrollados (cfr. Thwazites Rey, M., op. cit.,
p. 24).

La teoría económica de la CEPAL, confería al
los Estados la capacidad de producir un
desarrollo económico y social a través de una
modernización industrial acelerada que permita
la producción de bienes para consumo interno.
Para ello, consideraba esencial la ayuda del
Estado en la conformación y perfeccionamiento
de la infraestructura material y el subsidio de
créditos para el sector privado. No obstante,
según lo expresa Calvento, para el
funcionamiento del modelo desarrollista fue
necesario la adquisición de capitales, que se
consiguieron por medio de fuentes internas y
externas. Con respecto a los capitales externos
se delinearon cambios institucionales para
facilitar su ingreso, alcanzando éstos mucho

mayor peso en la industria latinoamericana, delimitando, de esta manera, una nueva dependencia. La CEPAL, que pretendía generar independencia respecto de las exportaciones primarias, no veía contradicción en utilizar capitales extranjeros, ya que se carecía de fuentes internas (cfr. Calvento, M., 2007, pp. 17-18).

Asimismo, los masivos préstamos otorgados a un creciente número de países de la periferia, a partir de la segunda mitad de los '60 por las instituciones financieras multilaterales, principalmente el Banco Mundial, conformaron una estrategia de recuperación de control por parte de los gobiernos del norte sobre una parte de los países de la periferia, que habían desarrollado políticas populistas y nacionalistas. Se buscó estimular mediante préstamos focalizados (abandono de políticas nacionalistas) una mejor conexión entre las economías de la periferia y el mercado mundial dominado por el centro, para asegurarse las economías centrales el aprovisionamiento de materias primas y de combustibles. Al impulsar progresivamente la competencia entre los países de la periferia y al estimular el fortalecimiento del modelo exportador, se pretendía hacer caer los precios de los productos que éstos exportaban para bajar los precios de producción en el norte, aumentando así el porcentaje de ganancias. Se trataba, en definitiva, en el contexto de la expansión de las luchas emancipadoras de los pueblos y de la guerra fría con el bloque del Este (bloque soviético), de fortalecer la zona de influencia de los principales países capitalistas (cfr. Toussaint, E., 2002, p. 305).

De esta manera, conjuntamente a la implementación de políticas destinadas a establecer un contexto propicio para robustecer los sectores económicos locales, en determinadas oportunidades, el Estado también estableció relaciones con el capital externo.

Paradójicamente, si bien, por un lado, gran parte de las políticas desarrollistas que perseguían la consolidación y el beneficio de una burguesía nacional, con el supuesto propósito de favorecer a los procesos de autonomía política nacional, por otro lado, habitualmente dichos sectores optaron por una fórmula de asociación con el desarrollo capitalista internacional a ser independientes. En tal sentido, se originó una contradicción en el interior del Estado, entre las políticas que benefician el desarrollo de la burguesía y la intención de autonomía política nacional (cfr. Falleto, E., op. cit., p. 5).

A su vez, la política proteccionista implementada en la región creó, según Bulmer, "industrias de alto costo e ineficientes", provocando "distorsiones en el factor precio, falta de competencia en el mercado interno y una tendencia a la estructura oligopólica, con altas barreras de ingreso" (Bulmer, T., 1998, p. 329). Tales factores, impidieron instaurar una producción industrial capaz de colocarse en los mercados internacionales, lo que puso de manifiesto su dependencia del sector agro-exportador, ya que los bienes de capital necesarios para el desarrollo industrial fueron financiados por este sector ante la incapacidad de exportación de productos industriales. A su vez, el sector agro-exportador, fue incapaz de cubrir los costos para la industrialización, mayormente debido a las variaciones en los precios internacionales. Dichos acontecimientos, pusieron de manifiesto las debilidades del modelo desarrollista (cfr. Calvento, M., op. cit., p. 19).

En suma, -siguiendo a Albuquerque- la concreción de políticas sociales en áreas como la salud, la educación, la vivienda y la vejez, entre otras, ya sea por medio de métodos populista o reformista -cuyos ejemplos por antonomasia fueron el peronismo en la Argentina[12] y los gobiernos democristianos en

---

[12] El populismo que caracterizó a la Argentina, estableció un acuerdo entre el capital y el trabajo que se caracterizó por dos particularidades principales. En primer término, dicho acuerdo impulsado por la denominada fracción "modernizadora" de la clase dominante, que argumentó el menester de adecuar el aparato productivo y el rol del Estado a las nuevas necesidades de acumulación, por medio de la industrialización sustitutiva de importaciones, fue permanentemente hostigado por los sectores denominados "no modernos" que proyectaban salidas recesivas clásicas. Las confrontaciones entre ambas fracciones se suceden desde entonces, y son atravesadas por los intereses de las fracciones "externas" de la burguesía, más rigurosamente ligadas a la economía mundial, que estimulan el proceso industrializador en el sentido de sus intereses. Tras el derrocamiento de Perón en 1955, la carencia de un definido patrón de hegemonía imposibilitaba determinar un proyecto a largo plazo como nación, a pesar de las altas tasas de crecimiento económico. Lo no resuelto con respecto a la introducción del peronismo en el sistema de poder, y más globalmente la ausencia de representación orgánica de los actores de un proyecto industrialista, derivaron en las tensiones sociales que produjeron la crisis del modelo y a las repetidas intervenciones militares. En segundo término, si en el "pacto keynesiano" la clase obrera acaba subordinándose al capital -por la dinámica propia de la lucha de clases y el efecto "contradictorio" de las conquistas obreras-, en el "pacto populista" inicia subordinada. Las clases populares se hallaban en proceso de conformación, por lo que no puede hablarse de un pacto entre clases pre-constituidas al pacto, como en los países centrales, ya que conformación decisiva de la clase obrera en tanto que clase, es decir, por medio de sus herramientas políticas -sindicatos y partidos- lleva la impronta de la intervención estatal. Esto no implica que no haya sido promovido por significativas luchas, que significaron un cierto desarrollo de las organizaciones políticas y sindicales autónomas de la clase

Chile-, tuvieron por finalidad ampliar el mercado interno, impulsando la asalarización de la fuerza de trabajo y redistribuyendo ingresos en favor de las clases populares, atenuar el conflicto de clases y asegurar la cohesión social. Empero, si bien una visión protectora de universalidad y atención igualitaria para todos, impulsaron tanto las políticas sociales como la creación y funcionamiento de los sistemas de seguridad social, no obstante, los sistemas de previsión y protección social sólo incluyeron a los trabajadores asalariados formales y urbanos, quienes, a su vez, fueron beneficiarios de tales derechos sociales en tandas sucesivas por sector, diversificándose las condiciones y beneficios según la actividad económica en la que participaban, el grado de agremiación o por la determinada capacidad de coerción, de manera que la redistribución de la riqueza se efectuó de forma desigual y sesgada. Tales características en la aplicación de los derechos sociales, produjeron a una marcada estratificación en el acceso, la cobertura de

---

obrera, pero ésta no logró imponer las mismas condiciones que en los capitalismos centrales en materia de extensión y características del modelo benefactor (cfr. Thwazites Rey, M., op. cit., pp. 23-24).

riesgos y calidad de la protección social. Los trabajadores informales y los rurales en general, permanecieron excluidos no sólo del crecimiento económico sino también de la cobertura de los sistemas de provisión social. Por ende, los Estados de bienestar de Latinoamérica desarrollaron un sistema de previsión y protección social que en términos de bienestar fue incompleta, y en términos de ciudadanía fragmentaria (cfr. Albuquerque de Castro, R., op. cit., pp. 6-7).

1.4.   LA CRISIS DEL ESTADO SOCIAL

A mediados de la década del 60', comenzaron a visualizarse las primeras señales de significativos problemas dentro del fordismo. Para entonces se había concretado la total recuperación de Europa Occidental y de Japón, que, con sus mercados internos saturados, necesitaban la creación de mercados para exportar los excedentes de su producción, intensificando la competencia internacional, y, además, junto a otros países recientemente industrializados[13], desafiaron la

---

[13] A mediado de la década del '70, se comenzó a acuñar el término NIC O NICS (New industrializing countries,

hegemonía de los Estados Unidos dentro del fordismo. Estados Unidos, por su parte, compensó la disminución de la demanda efectiva por medio de la declarada guerra contra la pobreza y la guerra de Vietnam. Pero el descenso de la productividad y de la rentabilidad de las corporaciones después de mediados de la década del '60, representó la inauguración de la problemática fiscal en los Estados Unidos, que si bien logró contenerla, lo hizo al precio de una aceleración inflacionaria que deterioró la función del dólar como moneda estable de reserva internacional[14] (cfr. Harvey, D., op. cit., p. 164).

Países de reciente industrialización), para indicar el crecimiento económico de los países o economías en vías de "desarrollo", específicamente a partir de que Hong Kong, Singapur, Corea del Sur y Taiwán, los denominados "tigres asiáticos", obtuvieron un rápido crecimiento industrial iniciado en la década del '60. La incorporación al mercado mundial orientado a la exportación de bienes, también fue seguida, posteriormente, por otros países denominados NIC que antes implementaban estrategias de sustitución de las importaciones, como es el caso de México y Brasil -ente otros-.

[14] A fines de la década del 60', la elección de Nixon (1968-1974) viene marcada por graves dificultades. La coyuntura financiera de los Estados Unidos -déficit presupuestario y de la balanza comercial, inflación- agudizada por la guerra de Vietnam, se degradaba. Nixon devaluó el dólar en 1969 y lo separó del patrón oro, lo que generó el colapso del sistema de paridades fijas de Bretton Woods y una creciente incertidumbre económica y política en todo el mundo (cfr. Aracil, R., et al, op. cit., p. 249).

Asimismo el Estado de bienestar se mostró impotente ante la obligación de incrementar sus gastos por encima de su capacidad presupuestaria para cumplir con sus responsabilidades, debido a que "los ingresos del Estado provenientes de las ganancias de sus empresas, de los impuestos a obreros y empresas, de los prestamos y de emisión monetaria" (De La Garza, E., 1992, p. 65) no consiguieron nivelarse en el Estado social, originando amplias demandas y descontento por parte del capitalista y la clase trabajadora. Esto se manifestó en el incumplimiento de las prioridades sociales, en la ineficiencia de la prestación de los servicios y en su imposibilidad de crear medidas tendientes a afrontar los cambios sociales y del mercado (cfr. Añez, C., op. cit., p. 76).

La estructura del Estado al dejar de representar a los diferentes sectores de la sociedad debido a su crisis financiera, motivó la conflictividad al no poder responder tanto a las exigencias del sector empresarial que demandaba una política económica que garantice su rentabilidad, como a las demandas ciudadanas que reclamaban una ampliación de las coberturas sociales, principalmente en los momentos regresivos del

ciclo económico, a fin de disminuir sus efectos
en los niveles de protección y calidad de vida
(cfr. Camejo A., op. cit., p. 8).

Asimismo, la política keynesiana comenzaba a
presentarse como inflacionaria a partir del
aumento de las obligaciones del Estado y el
estancamiento de la capacidad fiscal. En la
medida en que parte del consenso político del
fordismo presumía que las redistribuciones
debían surgir del crecimiento, la disminución
del mismo encarnó una contrariedad para el
Estado de bienestar y para el salario social (cfr.
Harvey, D., op. cit., p. 192).

El debilitamiento del modelo fordista-
keynesiano se agudizó aún más con la crisis
del petróleo en el 73', desatando un
incremento inflacionario -por la impresión de
moneda para mantener la estabilidad
económica- y una enérgica desaceleración del
crecimiento.

A principio de los 70' la devaluación del dólar
suscitó una baja del precio del petróleo -y la
reducción de los activos de los países
pertenecientes a la OPEP[15] debido a que el

---

[15] La OPEP (Organización de Países Exportadores de
Petróleo) se funda en Bagdad el 17 de septiembre de 1960,
con el objeto de contrarrestar la presión de las grandes

pago se efectuaba en dólares-, mejorando la situación de las industrias norteamericanas respecto a sus competidoras de Europa y Japón.

No obstante, la decisión de la OPEP de aumentar el precio del petróleo y la de los países árabes de embargar las exportaciones de petróleo a Occidente durante la guerra árabe-israelí de 1973, llevó a los países industrializados a una crisis en el sector energético. Esto, según Harvey, alteró el costo relativo de los insumos energéticos y exigió a todos los segmentos de la economía a buscar estrategias que permitan economizar el uso de la energía, por medio de transformaciones tecnológicas y organizativas. A su vez, la fuerte deflación de 1973-1975 señaló que las finanzas estatales estaban demasiado extendidas en proporción a los recursos, lo que derivó en una profunda crisis fiscal y de legitimación -un índice de la gravedad del problema lo representaba la bancarrota técnica

---

compañías petroleras que buscaban reducir los precios recortando los pagos a los productores. Inicialmente fue conformada por: Irak, Irán, Kuwait, Arabia Saudita y Venezuela. Posteriormente se sumarían Qatar (1961), Libia (1962) Emiratos Árabes Unidos (1967) ,Nigeria (1971), entre otros.

de la ciudad de nueva York en 1975-. Tales circunstancias   -que al mismo tiempo encontraba a las corporaciones con una capacidad de excedente inutilizable, principalmente en plantas y equipos inactivos-, exigieron un período de racionalización, reestructuración e intensificación del control sobre la fuerza de trabajo, con el objeto de sacar al mundo capitalista de la estanflación (estancamiento de la producción de bienes y alta inflación de precios) (cfr. Harvey, D., op. cit., pp. 168-170).

"El capital comienza a internalizar, que las demandas y protecciones a los trabajadores, tales como, la estrategia del aumento salarial sobre la base de la alta productividad del trabajador, la inflexibilidad del proceso productivo y el costo social que representaba la manutención de la clase trabajadora, generaban el decrecimiento de su tasa de ganancia" (cfr. Añez, C., op. cit., p. 76).

El cambio tecnológico, la automatización, la exploración de nuevas líneas de producto y de nichos de mercado, la propagación geográfica hacia zonas con controles laborales menos estrictos, fusiones empresarias y medidas destinadas a acelerar el flujo del capital, surgieron como las principales estrategias corporativas para la supervivencia en el contexto general de deflación (cfr. Harvey, D., op. cit., p. 170).

Frente a la baja de su rentabilidad, la acción del empresario, adoptando lo expresado por Peláez y Holloway "es imponer su dominación y crear un nuevo orden con una nueva base estable de acumulación", delineando medidas tendientes a la flexibilización de la organización, de los procesos productivos, de las relaciones laborales que, entre otras, perjudicaron el nivel de empleo, los salarios y la estabilidad del trabajador, como también la legitimidad del Estado, instituyéndose nuevas relaciones de producción y en la sociedad que responden a la concepción neoliberal (cfr. Peláez, E., Holloway, J.,1994, p. 131).

El gradual alejamiento con respecto a los principios del Estado de bienestar y la embestida al salario real y al poder sindical organizado, que empezaron con una necesidad económica durante la crisis de 1973-1975, "fueron transformadas por los neo-conservadores en una simple virtud de gobierno". "Se difundió así la imagen de gobiernos fuertes que administraban poderosas dosis de remedios desagradables a fin de restaurar la salud de las economías enfermas" (cfr. Harvey, D., op. cit., p. 192).

Indudablemente, la crisis de los Estados sociales y el desmoronamiento del régimen de acumulación fordista desatado en los países capitalistas centrales, repercutió en el contexto Latinoamericano.

Algunos Estados de la región comenzaron a evidenciar una etapa de interrupción del modelo de acumulación de industrialización por sustitución de importaciones, que tuvo por resultante el inicio de un progresivo proceso de desindustrialización de sus economías, el debilitamiento de los mercados internos y una regresión en materia de políticas sociales que se fue desatando gradualmente desde los años '80.

No obstante, desde mediados de los años '70, algunos Estados desarrollaron un nuevo modelo de acumulación centrado en una nueva fase exportadora y una contracción en la intervención social del Estado, a la vez que en algunos países de América Latina la disputa abierta en el terreno de la hegemonía política, devino en un quiebre del régimen democrático y en la instauración de nuevos gobiernos dictatoriales -como fueron los casos de Chile (1973), Uruguay (1975) y Argentina (1976)-.

En ese contexto, la transformación en el rumbo estatal supuso una renuncia a la función legitimadora en beneficio de la acumulación, sobre la base de la intensificación de la coerción. Para comenzar una trasformación intensa del papel estatal fue preciso desarticular a los sectores populares, "imponiendo el terror dictatorial" (cfr. Thwazites Rey, M., op. cit., p. 25).

Las políticas pensadas para favorecer la acumulación capitalista y el desarrollo de las fuerzas productivas -esto es, el proyecto de consolidación de un capitalismo nacional independiente, sólido y expansivo- eran incompatibles con el sostenimiento de las iniciativas gubernamentales dispuestas a asegurar la integración de las clases populares -fundamentalmente del proletariado industrial- al mercado y al Estado. El agotamiento del proceso de industrialización, el estancamiento de la economía y del sector agrario, y la movilización política de extensos sectores de las clases subalternas, se tornaron componentes que imposibilitaron continuar con la política de conciliación de clases. Esto generó el quiebre de la alianza efectuada entre el proletariado industrial y los capitalistas nacionales, y una consiguiente crisis política que fue remediada a través de la inauguración de una nueva forma de Estado capitalista de excepción: la dictadura burguesa -con la presencia de los militares en los aparatos estatales-. Ella se relacionó intrínsecamente con las necesidades de reorganización profunda del aparato productivo impuestas por la nueva modalidad de acumulación capitalista, principalmente en contextos nacionales en las que se hallaba un avance significativo de las luchas de clases (cfr. Borón, A., op. cit., pp. 106-107).

A su vez, el capital no sólo debió enfrentar a un movimiento obrero que cuestionaba la legitimidad de la forma capitalista de producción y apropiación de riqueza, sino que el propio capital tuvo que afrontar una crisis de hegemonía y dominio, una crisis de conducción al interior del propio capital, ya que las transformaciones acontecidas a lo largo de las décadas del proceso de sustitución de importaciones habían puesto en cuestión la hegemonía de los sectores nacionales del capital frente al peso creciente del capital transnacionalizado, lo que derivó en una crisis de dominación del capital industrial nacional en el control de los ejes centrales de la acumulación de capital (cfr. Feliz, M., 2005, p. 299).

En general, la adaptación subdesarrollada que asume el pensamiento neoconservador del Cono Sur desde los años '80, equiparó desarrollo a apertura económica internacional irrestricta, señalando los obstáculos en la mera existencia del Estado. El supuesto elemental del esquema neoconservador latinoamericano, se erigió en el impedimento de volver gobernable el sistema y promover el desarrollo, debido al exceso de demandas sobre el Estado. Desde este visión, el estallido de las cuentas fiscales se originaría producto del intervencionismo, tanto en forma directa -productor de bienes y servicios a través de las empresas públicas- como a través de su rol social como agente redistributivo (cfr. Thwazites Rey, M., op. cit., p. 25).

Asimismo, la reestructuración del capitalismo en la periferia experimentó un agudo proceso de concentración y centralización del capital, donde los nuevos sectores monopólicos prevalecieron sin contrapesos en la escena económica. Monumentales corporaciones transnacionales no sólo dispusieron del capital sino, además, de la tecnología y la infraestructura financiera, lo cual garantizaba su casi absoluto control de los mercados. Transnacionalización y desnacionalización de las economías periféricas se convirtieron en un mismo y único proceso de internacionalización del capital, cuyos corolarios más evidentes fueron, entre otros, la expansión en toda Latinoamérica de la deuda externa, el aumento de las diferencias en la distribución del ingreso y la intensificación en la explotación del trabajo asalariado. Dichas transformaciones, se hallaron en consonancia con las propuestas liberales de remediar la crisis general del capitalismo renunciando a las políticas intervencionistas de origen keynesiano y regresando a los mecanismos automáticos del mercado para la asignación de recursos económicos de la sociedad, a través de una pretendida racionalidad y eficiencia que eliminen las interferencias y distorsiones del Estado, pero teniendo como condición previa la neutralización autoritaria de la capacidad reivindicativa del movimiento obrero a través de la represión y desorganización sistemática de sus estructuras corporativas. Por consiguiente, los salarios reales cayeron verticalmente y el nivel de vida de las clases populares disminuyó estrepitosamente (cfr. Borón, A., op. cit., pp. 107-108).

Desempleo, aumento de la desigualdad en la distribución del ingreso, permanencia de la pobreza estructural, nuevos pobres - representados por una franja importante de la clase media empobrecida- y nuevas formas de pobreza -indigencia-, descenso del sector formal urbano de empleos y el consiguiente crecimiento del sector informal y la precarización de la fuerza de trabajo, conformaron algunos de los corolarios derivados de la reestructuración del Estado y el cambio del modelo de acumulación en la estructura social de las sociedades Latinoamericanas, que se irían agudizando en el transcurso de la década del '80 y agravando aún más en los años '90, con la introducción de políticas de gobierno sustentadas plenamente por los postulados neoliberales.

CAPÍTULO 2

NEOLIBERALISMO Y FLEXIBILIZACIÓN

CAPÍTULO 2
NEOLIBERALISMO Y FLEXIBILIZACIÓN

2.1.   EL ADVENIMIENTO NEOLIBERAL

"Fundamentalmente, existen sólo dos modos de coordinar las actividades económicas de millones de personas. Una es la dirección centralizada que implica el uso de la coerción   -la técnica del ejército y del moderno Estado totalitario-. La otra es la cooperación voluntaria de los individuos -la técnica del mercado-" (Friedman, M., 1962, p. 13, ctd. en Borón, A., 2003, p. 119).

La crisis del Estado social o "de bienestar" en los años 70', determinó el arribo profético de nuevos enfoques en el rumbo internacional. La estabilidad monetaria se tornó objetivo primordial para todo Estado en las propuestas de los defensores de la propiedad privada y el libre mercado, y los supuestos ideológicos del neoliberalismo se instituyeron como única respuesta para el desarrollo económico y político del sistema internacional.

No obstante, la concepción neoliberal no se gesta a partir de dicha crisis sino que tiene su origen dentro del avance del Estado keynesiano, manteniendo desde entonces una actitud reaccionaria frente a éste.

En la década del '40, a través de la publicación del libro Camino de Servidumbre (1944) del economista austríaco Friedrich Von Hayek, surgen los principales postulados del liberalismo moderno, los cuales serían retomados posteriormente por Milton Friedman y otros economistas pertenecientes a la Escuela de Economía de Chicago que compartían su orientación ideológica.

Hayek, retomando lo expuesto por Anderson, se oponía a toda limitación de los mecanismos del mercado por parte de la intervención del Estado, concibiéndola como una amenaza a la libertad económica y política, y argumentaba, junto a otros colegas de la misma corriente[16], contra el nuevo "igualitarismo" impulsado por el Estado de bienestar a través de la regulación social, ya que sostenía que anulaba la libertad de los ciudadanos y la vitalidad de la competencia, de la cual dependía la prosperidad de todos (cfr. Anderson, P., 1999, pp. 15-16).

---

[16] En 1947, Friedrich Von Hayek fundó la Sociedad de Mont Pèlerin, adoptando dicho nombre en honor al lugar donde ocurrió este primer encuentro, que tuvo por integrantes a Ludwing Von Mises, Michael Polanyi, Milton Friedman, Karl Popper, Lionel Robbins, Walter Eukpen, y Walter Lippman, entre otros. El objeto de tal sociedad, básicamente, era advertir sobre los "peligros" de las tendencias políticas imperantes de la época y edificar los cimientos para otra forma de capitalismo.

El mercado y el Estado constituirían para los neoliberales, particularmente en el pensamiento de Milton Friedman como bien lo expresa Borón, principios de organización social opuestos e incompatibles, ya que el Estado sería el depositario de la coerción y el autoritarismo y el mercado el núcleo esencial que preserva la libertad económica y política. En la medida que el mercado logre triunfar sobre el Estado, permitiría a la sociedad civil el pleno disfrute de los bienes terrenales sin obstrucción coercitiva de ninguna naturaleza, es decir, sin que el Estado ahogue las libertades individuales (cfr. Borón, A., 2003, p. 120).

Si bien los partidarios de la corriente neoliberal ven en la intervención del Estado una acción coercitiva a las libertades individuales, no obstante -paradójicamente-, tampoco dudaron también en recurrir a su intervención para la imposición de las leyes de mercado. Así también, como las empresas multinacionales y la denominada economía global dependen de la intervención de los Estados.

"En general, no se puede concebir la etapa neoliberal del capitalismo si no se advierte que su implantación y expansión durante las décadas de los ochentas y noventas dependió de la presencia e intervención del Estado" (Sotelo Valencia, A., 2003, p. 44).

Con la llegada de la crisis del modelo de regulación fordista-keynesiano en los años '70, a partir de la introducción del sistema en una etapa recesiva, con decrecimiento de la rentabilidad de los sectores productivos, acumulación de capitales líquidos, inflación extendida, conjuntamente a la crisis del dólar y el petróleo, fue cuando el paradigma fordista-keynesiano se derrumba y gana legitimidad las ideas neoliberales, que no sólo van a alentar por el arribo del libre mercado, sino que también a establecer otra forma de intervención de Estado.

Para Hayek y sus secuaces, las raíces de la crisis se encontraban en el poder de los sindicatos, al que consideraban excesivo y nefasto, y, de forma general, en el movimiento obrero, que había socavado las bases de la acumulación privada con sus acciones reivindicativas sobre los salarios y para que el Estado acrecentase cada vez más los gastos sociales. Esos dos procesos eran considerados los culpables de destruir los niveles necesarios de beneficio de las empresas y de desatar procesos inflacionarios.

La solución a la coyuntura se determinó en mantener un Estado fuerte en su capacidad de romper el poder de los sindicatos y en el control del dinero, pero limitado en relación a los gastos sociales y a las intervenciones económicas. La estabilidad monetaria debería ser la meta soberana de cualquier gobierno. Para ello, se tornaba imprescindible una disciplina presupuestaria, con la contención de gasto social y la restauración de una tasa "natural de desempleo", es decir, la creación de un una enorme cantidad de mano de obra industrial de reserva para quebrar a los sindicatos. A su vez, se consideraron imperiosas las reformas fiscales para incentivar a los agentes económicos, lo que significaba reducciones de impuestos sobre las ganancias más altas y sobre las rentas, permitiendo que una "nueva y saludable desigualdad" vuelva a dinamizar las economías avanzadas, perturbadas precedentemente por políticas keynesianas de intervención y redistribución social, culpables de alterar el curso normal de la acumulación y el libre mercado (cfr. Anderson, P., op. cit., pp. 16-17).

El capital privado también desplegó una ofensiva para debilitar el poder de negociación de los sindicatos y de las organizaciones no gubernamentales que trataban de incidir en la definición de las políticas públicas. Para estos grupos conservadores las medidas del plan económico neoliberal destinadas a la eliminación de las regulaciones estatales, la restauración del libre mercado, el achicamiento del Estado y las privatizaciones de empresas estatales para reducir su poder, serían fundamentales para que la iniciativa privada pueda tener más libertad de intervención y poder incrementar sus tasas de ganancia. De esta manera, frente a los ofrecimientos de tentadores espacios de inversión anteriormente controlados por el Estado, el capital privado demandó facilidades de inversión y la reducción de reglamentaciones estatales, situación que favoreció la creación de medidas tendientes a debilitar la fuerzas de las negociaciones obreras por medio de flexibilización de los contratos colectivos de trabajo, imposición sobre los salarios y desempleo para la mano de obra sobrante.

Asimismo, las políticas antiestatistas, especialmente en contextos como el de Gran Bretaña[17] con gran número de empresas en

---

[17] Durante el gobierno de Margaret Thatcher (1979-1983, 1983-1987, 1987-1990), se estableció el primer régimen de un país capitalista avanzado públicamente empeñado en

propiedad directa del Estado, se fundamentaban principalmente al comparar el

---

llevar a la práctica un programa neoliberal. [...] "En 1980, Reagan llegó a la presidencia de los Estados Unidos. En 1982, Kohl derrotó al régimen social liberal de Helmut Schmidt en Alemania. En 1983, en Dinamarca, Estado modelo del Bienestar escandinavo, cayó bajo el control de una coalición clara de derecha del gobierno de Schluter. Enseguida, casi todos los países del norte de Europa Occidental, con excepción de Suecia y de Austria, también viraron hacia la derecha. A partir de ahí, la ola de derechización de esos años fue ganando sustento político, más allá del que le garantizaba la crisis económica del período [...] El modelo inglés fue, al mismo tiempo, la experiencia pionera y más acabada de estos regímenes. Durante sus gobiernos sucesivos, Margaret Thatcher contrajo la emisión monetaria, elevó las tasas de interés, bajó drásticamente los impuestos sobre los ingresos altos, abolió los controles sobre los flujos financieros, creó niveles de desempleo masivos, aplastó huelgas, impuso una nueva legislación antisindical y cortó los gastos sociales. Finalmente y ésta fue una medida sorprendentemente tardía, se lanzó a un amplio programa de privatizaciones, comenzando con la vivienda pública y pasando enseguida a industrias básicas como el acero, la electricidad, el petróleo, el gas y el agua. Este paquete de medidas fue el más sistemático y ambicioso de todas las experiencias neoliberales en los países del capitalismo avanzado [...] En el continente europeo, los gobiernos de derecha de este período a menudo de perfil católico practicaron en general un neoliberalismo más cauteloso y matizado que las potencias anglosajonas, manteniendo el énfasis en la disciplina monetaria y en las reformas fiscales más que en los cortes drásticos de los gastos sociales o en enfrentamientos deliberados con los sindicatos. A pesar de todo, la distancia entre estas políticas y las de la socialdemocracia, propia de los anteriores gobiernos, era grande [...] Si bien en un comienzo sólo los gobiernos de derecha se atrevieron a poner en práctica políticas neoliberales, poco tiempo después siguieron este rumbo inclusive aquellos gobiernos que se autoproclamaban a la izquierda del mapa político" (Anderson, P., op. cit., pp. 17-18).

avance competitivo japonés, el cual se sustentaba en la flexibilidad del trabajo y de los procesos de producción. La modernización económica, con la introducción de nuevas tecnologías, colocaba a las empresas públicas en el centro del debate, así como en Estados Unidos los cuestionamientos giraban en torno a la carga impositiva de los impuestos y las excesivas regulaciones en la producción y en el comercio. El incremento del déficit fiscal de muchos Estados, imputado no sólo a problemas de insuficiencia de las empresas públicas, sino también a los gastos de numerosos programas sociales, también fue cuestionado en aras de la misma modernización industrial. De esta manera, el Estado se orientó a brindar un trato preferencial a la inversión privada en el contexto de la nueva competitividad internacional (cfr. Medina Núñez, I., 1998., p. 42).

El neoliberalismo también acompañó una nueva revolución tecnológica que le valió de sustentación: la revolución informática y de las comunicaciones, estableciendo otro elemento esencial para explicar el cambio en la economía y en las ideas económicas. La instantaneidad de la información, a partir de la revolución en las comunicaciones, incorporó el "tiempo real" permitiendo la intensificación de los flujos económicos y financieros en todo el globo (cfr. Rapoport, M., 2002, p. 360).

La computarización y las comunicaciones electrónicas fueron consolidando la importancia de la coordinación internacional instantánea de los movimientos financieros. Desde los años 80' se produjo una explosión de los mercados cambiarios internacionales, cuyas transacciones meramente monetarias acabaron por reducir de manera significativa el comercio mundial de mercancías reales. No obstante, la recuperación de la renta capitalista no condujo a una reactivación de la inversión productiva, ya que la desregularización financiera -sostenida desde el modelo neoliberal- generó condiciones más propicias para la inversión especulativa y el incremento de corporaciones financieras, con el consiguiente detrimento de la producción de bienes y servicios.

La disolución del acuerdo suscripto en Bretton Woods (1944) a principios de los años '70, desligó la convertibilidad entre la divisa norteamericana y el oro, propiciando en los países centrales la implementación de regímenes de tipo de cambio flexibles que abrieron una etapa inestabilidad monetaria y especulación financiera a nivel global. La desregulación de los mercados de capitales en Estados Unidos e Inglaterra desde 1979 en adelante -efectuadas mediante las administraciones de Reagan y Thatcher respectivamente- permitieron la expansión y consolidación de la internacionalización financiera, afirmando un proceso que revolucionó el comportamiento macro y microeconómico de la economía internacional, en el cual, la expansión de los activos financieros (papeles de deuda, acciones, bonos, etc.) fue superior al del incremento de los activos fijos (cfr. Basualdo, E., Nahón, C., Nochteff, H., 2005, p. 8).

A su vez, a partir de la mundialización de la economía se redujo la importancia de la localización espacial para la elaboración de las actividades productivas en un territorio, debido a que los flujos y redes de capital se inclinaron por flexibilizar y desterritorializar el proceso productivo, logrando realizar dicho proceso en diferentes países al mismo tiempo.

Los cambios en la producción vinculados al desarrollo del Japón y, posteriormente, a las de los denominados "tigres asiáticos" [18] -Hong Kong, Singapur, Corea del Sur y Taiwán-, la transnacionalización de las economías y creciente dominio de las empresas multinacionales, la reafirmación del libre comercio con la creación de la OMC (Organización Mundial de Comercio), y fundamentalmente la desintegración del bloque soviético que determinó el final de la Guerra Fría[19], fueron otros componentes de la

---

[18] Implementan sistemas de producción más tradicionales, que se fundan en relaciones de trabajo "artesanales", paternalistas o patriarcales (familiares), incorporando un mecanismo muy diferente de control sobre la mano de obra, como es el caso de Singapur, Taiwán y Hong Kong (cfr. Harvey, D., op. cit., p. 216).

[19] "[...] La caída del comunismo en Europa Oriental y en la Unión Soviética, del 89' al 91', se produjo en el exacto momento en que los límites del neoliberalismo occidental se tornaban cada vez más evidentes. [...] Cuando el capitalismo avanzado entró de nuevo en una profunda recesión, en 1991, la deuda pública de casi todos los países occidentales comenzó a reasumir dimensiones alarmantes, inclusive en Inglaterra y en los Estados Unidos, en tanto que el endeudamiento privado de las familias y de las empresas llegaba a niveles sin precedentes desde la Segunda Guerra Mundial [...] La victoria de Occidente en la Guerra Fría, con el colapso de su adversario comunista, no fue el triunfo de cualquier capitalismo, sino el tipo específico liderado y simbolizado por Reagan y Thatcher en los años 80'. Los nuevos arquitectos de las economías poscomunistas en el Este [...], seguidores de Hayek y Friedman, con un menosprecio total por el keynesianismo y por el Estado de Bienestar, por la economía mixta y, en general, por todo el modelo dominante del capitalismo occidental correspondiente al período de posguerra, [...] preconizan y realizan privatizaciones mucho más amplias

transformación de la economía mundial, conjuntamente con el cambio en los paradigmas teóricos y en los esquemas ideológicos (cfr. Rapoport, M., op. cit., p. 359).

Por su parte -de acuerdo a lo expresado por Anderson-, en el conjunto de los países Latinoamericanos, aunque el torrente las privatizaciones masivas se halla desatado ulteriormente al de los países de la OCDE[20] y de la antigua Unión Soviética, no obstante, América Latina fue testigo de la primera experiencia neoliberal sistemática del mundo. Bajo el mando de Pinochet, Chile se convirtió

y rápidas de las que se habían hecho en Occidente; para sanear sus economías, promueven caídas de la producción infinitamente más drásticas de las que jamás se ensayaron en el capitalismo avanzado; y, al mismo tiempo, promueven grados de desigualdad y empobrecimiento mucho más brutales de los que se han visto en los países occidentales" (Anderson, P.., op. cit., pp. 19-20).

[20] Organización para la Cooperación y el Desarrollo Económicos (OCDE), se funda en 1960 teniendo por cede central la ciudad de París. Conforma una organización de cooperación internacional, cuyo propósito en coordinar políticas económicas y sociales. Miembros fundadores: Alemania, Austria, Canadá, Dinamarca, España, Estados Unidos, Francia, Grecia, Irlanda, Islandia, Italia, Luxemburgo, Noruega, Países Bajos, Portugal, Reino Unido, Suecia, Suiza y Turquía. Posteriormente se incorporan : Japón (1964), Finlandia (1969), Australia (1971), Nueva Zelanda (1973), México (1994), República Checa (1995), Corea del Sur, Hungría y Polonia (1996) Eslovaquia (2000).

en el precursor del ciclo neoliberal en la historia contemporánea a través de sus programas de desregulación, desempleo masivo, represión sindical, redistribución de la renta en favor de los ricos y privatización de los bienes públicos. La inspiración teórica de la experiencia pinochetista, más cercana a el pensamiento de Friedman[21] que con el de

---

[21] "[...] lo que insta al pensamiento de Friedman en el centro del debate contemporáneo es su influencia práctica como ideología burguesa en una situación de crisis y recomposición autoritaria y conservadora del capitalismo. Su actualidad proviene pues del hecho de que sus preceptos fundamentales -imperio del mercado, desmantelamiento del Estado de bienestar y contención de los avances democráticos- han sido los principios racionalizadores de conocidas tentativas conservadoras que, con mayor o menor grado de violencia, se han ensayado en las más diversas latitudes [...] El eje ordenador de su discurso y punto de partida de toda su reflexión económico-política es la noción de mercado, desde cuyo paradigma se deduce un papel rigurosamente limitado para el Estado y se infieren, sibilinamente, las posibilidades y límites de la democracia burguesa. La supremacía asignada al mercado y la concepción teórica que se deriva de esta "toma de partido" remata en una postura teórica y práctica que convierte al friedmanismo -y con él a todo el dogma neoliberal- en la ideología apologética de la involución autoritaria del estado capitalista. El liberalismo clásico, que había nacido como un proyecto burgués dirigido a recortar los poderes abusivos del Estado absolutista y a establecer un cierto grado de participación democrática entre las élites, culmina deplorablemente su trayectoria abrazándose al discurso y la práctica neoconservadoras. Una vez desmontada su retórica seudo libertaria, su propuesta actual se agota en la legitimación del creciente despotismo estatalista que reclama la imposición coercitiva de las leyes del mercado" (Borón, A., op. cit., p. 118).

Hayek, presuponía la abolición de la democracia y la instalación de un régimen dictatorial -sin embargo, para Hayek, la democracia en sí misma jamás había sido un valor central del neoliberalismo ya que consideraba que la libertad y la democracia podían tornarse fácilmente incompatibles, si la mayoría democrática decidiera interferir en los derechos incondicionales de cada agente económico para disponer de su renta y sus propiedades a su antojo- (cfr. Anderson, P., op. cit., p. 22).

En América Latina la aplicación generalizada del las teorías neoliberales se desató en la década del '90 en casi todo el territorio[22] -excepto cuba-, logrando convertirse en la doctrina hegemónica de la década.

En este proceso se puede distinguir, parafraseando a Brieger, dos fases. Por un lado, la fase de imposición, en donde el modelo es impuesto por la fuerza como lo fue en Chile, y, por otro lado, la fase de consenso ideológico, a través de un laborioso trabajo de

---

[22] En Bolivia con la presidencia de Víctor Paz Stenssoro (1985-1989), en México con la presidencia de Carlos Salina de Gortari (1988-1994), en Argentina con la de Carlos Menem (1989-1999), en Brasil con la de Fernando Color de Melo (1990-1992), en Perú con Alberto Fujimori (1990-2000), entre otras.

difusión de tales ideas como el único modelo lógico y viable. De esta forma, la idea de que todo lo público es "ineficiente", que el Estado es intrínsecamente perverso, que la única forma para que las empresas de servicios se desempeñen eficientemente es privatizándolas y de esta manera se reducirían los gastos y se eliminaría la corrupción; de la necesidad de achicar el Estado, bajar el gasto público, abrir los mercados, incrementar la producción de artículos destinados a la exportación, flexibilizar y "modernizar" los mercados laborales, quebrar el poder de los sindicatos supuestamente interesados únicamente en enriquecer a sus cúpulas, y reducir los gastos sociales, entre tantos otros postulados, fue cobrando estado generalizado (cfr. Brieger, P., 2002, pp. 342-343).

Asimismo, si bien, por un lado, la aplicación de las políticas cconómicas neoliberales se llevaron a cabo mediante la coerción o mintiendo a la población con promesas electorales que apuntaban hacia otro tipo de políticas, también por otro lado, en determinados casos los postulados neoliberales conformaron parte del sentido común no sólo de los capitales privados, algunos partidos políticos y otros grupos de interés, sino también de grupos de población que, eventualmente, constituyeron una mayoría electoral.

La adhesión que han tenido estas ideas en ciertas coyunturas suele explicarse por diversos factores. Por una parte, por la aplicación de las políticas sociales compensatorias, muchas de las cuales han tenido un carácter que algunos denominan compra-votos. Por otra, por el rol de los medios masivos de información, prioridad que los think tanks[23] liberales conceden a incidir sobre los medios en general y los periodistas en particular. Finalmente, por la creciente asociación de las ideas liberales con ideas de democracia y libertad, puestas en oposición con ideas tales como intervención estatal en la

---

[23] "Suele asumirse que la expresión en lengua inglesa *think tank* surgió en Estados Unidos, poco después de la Segunda Guerra Mundial. Posteriormente, su uso se ha extendido hacia otras regiones del mundo. Con frecuencia, se utiliza en inglés, incluso en países en los que se hablan otras lenguas. Comúnmente se traduce como *usinas de pensamiento*. En un principio, esta denominación se aplicó especialmente a centros caracterizados como de *derecha* o *liberales*, pero con el paso del tiempo y su uso en diversos contextos sus aplicaciones se han diversificado. Actualmente, la idea se utiliza de manera amplia para hacer referencia a centros de investigación y promoción de ideas y políticas multidisciplinarios, política y/o socialmente influyentes, con buenos recursos financieros" (Mato, D., op. cit., p. 19).

economía y autoritarismo. Este juego de asociaciones y oposiciones no ha acontecido de modo espontáneo. Ha sido, en parte, corolario del trabajo que efectuaron las redes transnacionales[24] para la producción y promoción de ideas neoliberales (cfr. Mato, D., 2007, p. 25).

No obstante, los años '80 en Latinoamérica representaron un trayecto de progresivo debilitamiento de políticas desarrollistas de carácter keynesiano, constituyéndose en una etapa de transformación hacia el arribo de políticas neoliberales.

La década del '80 manifiesta un período de tránsito de una concepción desarrollista o si se quiere populista, a otra donde se generalizó un enfoque Político de Gobierno, centrado en las demandas de restablecimiento de la rentabilidad del capital privado más concentrado y la capacidad estatal de crear

---

[24] Según Mato (2007), la Sociedad Mont Pelerin, el Institute of Economic Affairs (IEA) y la Atlas Economic Research Foundation -instituciones privadas que han jugado papeles clave en la producción y promoción de ideas (neo)liberales a escala mundial-,junto a los think tanks liberales y su vinculación entre sí en redes transnacionales de colaboración, con el objeto de orientar a la producción de un cierto sentido común (neo)liberal en circuitos socio-comunicacionales específicos, y apuntar con ello a la formación de opinión pública a escalas lo más amplias posible.

incentivos para la atracción de capitales transnacionales (cfr. Gambina, J., 2001., p. 187).

El endeudamiento público contraído por los países periféricos a partir de los préstamos otorgados desde mediados de los '60 por organismos financieros internacionales, propiciaron el condicionamiento de las política implementadas en la región, debiendo ceder frente al acrecentamiento de la deuda externa ante las recetas económicas emanadas principalmente por el FMI (Fondo Monetario Intencional) y el BM (Banco Mundial).

El auge de los postulados liberal-conservadores sostenidos por los organismos financieros internacionales y por los gobernantes de los principales países capitalistas desarrollados, argumentaban que la génesis de los desequilibrios macroeconómicos se hallaba en el agotamiento de un modelo que había perdido su base de sustentación. Es decir, al agotamiento de políticas cortoplacistas para remediar problemas que eran intrínsecos a un determinado modelo de desarrollo económico, sustentado en la expansión del mercado interno, el consumo estandarizado de carácter masivo, la tendencia al pleno empleo y la fuerte participación estatal en la producción de bienes y la prestación de servicios, junto a secuelas de un conflicto social y político concentrado en la puja distributiva (cfr. Gambina, J., op. cit., p. 188).

La crisis desatada en el '82[25] por la falta de capacidad de pago de los países endeudados, fue el resultado combinado de una baja de los precios de los productos exportados por los países de la periferia hacia el mercado mundial y el fuerte incremento de las tasas de interés, generando que repentinamente se deba pagar más con ingresos en disminución. Ante la imposibilidad de obtener nuevos préstamos desde los bancos privados del centro por la dificultad de pago, el FMI y los principales países capitalistas industrializados proporcionan nuevos préstamos a los países endeudados para permitir a los bancos privados recuperar sus aportes e impedir la sucesión de quiebras bancarias. Esto generó la imposición de los planes de ajuste

---

[25] La caída en los precios del petróleo en 1981, el aumento en la tasa de interés en el mercado internacional, la fuga de los capitales nacionales, y la suspensión de los créditos externos, fueron los factores detonantes de la crisis que explotó en agosto de 1982. Esta llevó a México a la moratoria del pago de la deuda externa por noventa días (cfr. Cortés, F., 2001, p. 201).

estructural[26], ya que los países endeudados que rechazaban dichos planes no podrían recibir ningún préstamos del FMI y de los gobiernos del norte (cfr. Toussaint, E., 2002, pp. 305-306).

Para equilibrar sus cuentas, los poderes públicos endeudados han aceptado reducir los gastos sociales y de inversión y recurrir a nuevos préstamos para poder hacer frente al incremento de las tasas de interés, lo que generaba el efecto denominado "bola de nieve", el cual radicaba en el aumento mecánico de la deuda originado por el efecto combinado de las altas tasas de interés y de los necesarios nuevos préstamos destinados al pago de anteriores empréstitos (Ibídem, p. 304).

---

[26] "A partir de la crisis mexicana de 1982, el FMI diseña y acuerda con los países deudores Programas de Ajuste Estructural (PAE): políticas económicas de "ajuste recesivo": políticas monetarias restrictivas que sostengan el nivel de la tasa de interés, y equilibrio de cuentas externas para garantizar el pago de los créditos. [...] El paquete de medidas incluye 1) emisión controlada, 2) disciplina fiscal (drástica reducción del gasto público), 3) contracción de la actividad económica y de las importaciones, 4) reactivación de la actividad exportadora, 5) privatización masiva de empresas y servicios públicos, 6) apego absoluto a los mecanismos del libre mercado y mantenimiento de una política comercial no proteccionista y 7) desregulación del mercado laboral"(Ramos, L., 2002, p. 10).

Durante la crisis de la deuda el plan de ajuste impuesto a la región significaba adoptar una política recesiva que contrajera las importaciones y generara un excedente comercial con el cual reembolsar parte de la deuda -ajuste centrado en la transferencia de recursos al exterior-, mientras los gobiernos nacionalizaban las deudas externas privadas. Esto condujo al desajuste entre la capacidad productiva y la producción, elevados desequilibrios en las cuentas fiscales, la aceleración de los procesos inflacionarios, crisis masivas de los sistemas financieros, el colapso de la inversión y la caída del salario real (cfr. Calcagno, A., 2001, pp. 75-76).

La devaluación de la moneda y el alza de las tasas de interés en el orden interno como parte de las medidas de ajuste determinadas por el FMI, bajo pretexto de hacer más competitivas las exportaciones y así incrementar las entradas de divisas necesarias para el reembolso de la deuda, generó una explosión de los precios de los productos importados en el mercado interno provocando la caída de la producción por el incremento de sus costos, que junto a las altas tasas de interés, acrecentaron la recesión interna con el consiguiente estancamiento de la capacidad adquisitiva de los consumidores (cfr. Toussaint, E., op. cit., pp. 306-307).

A partir de la globalización y el patrón capitalista neoliberal, el nuevo "modelo de crecimiento" impuesto obedeció al incremento de las exportaciones, principalmente de los bienes industrializados, en detrimento del desarrollo de los mercados internos. Este capitalismo neoexportador produjo procesos internos de recesión con el consiguiente desempleo y subempleo estructural que profundizaron las características de la economía dependiente: incremento de la tasa de explotación de la fuerza de trabajo; concentración del ingreso; disminución de los salarios reales; predominio de la inversión extranjera; inversión de cartera y desindustrialización y especialización del aparato productivo. Las importaciones de mercancías con alto contenido tecnológico procedentes de los países avanzados destinadas a los procesos productivos locales, fue el nuevo patrón de acumulación adoptado por la economía dependiente. La instauración de dicho patrón de acumulación del capital se pudo lograr por la intervención estatal efectuada durante los años '80 y '90, encargada de destruir las bases nacionales de acumulación de capital, profundizar la dependencia estructural y extender la influencia del capital internacional (cfr. Sotelo Valencia, A., op. cit., p. 49).

Con la incorporación del proceso de globalización, se instituyen las limitaciones a la autonomía y capacidad de acción de los gobiernos. La toma de decisiones tanto a nivel nacional como global bajo el control de los países desarrollados a través de los organismos multilaterales de financiamiento -FMI, BM, OMC, entre otros-, generó que muchos países de la región sean excluidos del proceso de toma de decisiones y se creen las condiciones para que el capital internacional y las empresas internacionales, junto a grupos de poder local que responden a sus intereses, sometan al Estado atentando contra sus derechos y potestad de regulación nacional. Estos acontecimientos crearon las condiciones para que gran número de países se hallen cada vez más restringidos para enfrentar las acciones del capital transnacional en su búsqueda de alta rentabilidad y beneficios extraordinarios, ocasionando un incremento en la concentración de las fuentes de riquezas en manos de los inversores que controlan el comercio mundial, disminuyendo el ahorro nacional ya que los excedentes se trasladaron al exterior profundizando un proceso de acumulación hacia fuera, y aumentando la brecha técnico-productiva con los países centrales mediante un proceso de desindustrialización, dando por resultado una distribución del ingreso cada vez más desigual (cfr. Escobar de Pabón, S., 2005, pp. 58-59).

En la segunda mitad de los '80 y durante los '90, la noción de ajuste estructural, conllevaba la idea de un proceso de políticas y reformas destinadas a crear determinadas condiciones básicas para poner en marcha otra modalidad de desarrollo. El contenido de estas reformas (apertura económica, privatizaciones, desregulación del sistema financiero, de los mercados de bienes y del régimen laboral) se disponía como condición para el apoyo financiero que solicitaron los países de la región (cfr. Calcagno, A., op. cit., p. 76).

En este contexto cabe mencionar, como sostiene Brieger, que tanto el Reino Unido, Estados Unidos, Japón o Alemania para su crecimiento apelaron -en menor o mayor grado- a medidas proteccionistas que contradecían los postulados liberales, y esgrimieron su poderío político-militar para "competir" en el libre mercado (Cfr. Brieger, P., op. cit., p. 344). "Mientras que los gobiernos neoliberales del Primer Mundo (Thatcher, Reagan) jugaron la carta del nacionalismo, la política económica liberal en los países latinoamericanos fue profundamente anti-nacional" (Rapoport, M., op. cit., p. 359).

En la década del '90 la mayoría de los gobiernos de la región, se encaminaron a poner en práctica la lista de políticas económicas formuladas en el Consenso de Washington que tenían por objetivo declarado la recuperación del crecimiento económico y, como corolario de dicho crecimiento, reducir la pobreza para mejorar el bienestar de la población.

El listado de políticas formulado originalmente por John Williamson en 1989 (documento denominado: "Lo que Washington quiere decir por política de reformas"), para superar el modelo estatista y conquistar el crecimiento se centró en:

1 Achicamiento del déficit fiscal a no más de uno ó dos puntos porcentuales del PBI, por ser el déficit el origen de los desequilibrios y estar vinculado a la ineficiencia y corrupción instalada en el aparato estatal.

2 Disminución del gasto público, eliminando subsidios diversos y concentrando la gestión

estatal "social" en educación primaria y salud para los más desprotegidos. Se abre paso así al arancelamiento educativo, particularmente en la Universidad, y al desarrollo de la medicina prepaga. Es una concepción mercantilizada de la educación, la salud y otros derechos asignados históricamente al gasto del Estado.

3 Acrecentamiento de la recaudación impositiva con base en la ampliación y generalización de la base imponible, particularmente de los impuestos indirectos. Disminución de los mínimos no imponibles en el caso de impuestos directos.

4 Establecimiento de tasas de interés positivas como forma de atraer capitales y evitar la fuga, incrementando la tasa de ahorro interna y favoreciendo la inversión.

5 Fijación de un tipo de cambio estable y alto para favorecer las exportaciones que sustenten el financiamiento del sector externo (dependiente de insumos y capital), y al mismo tiempo dar seguridad a los inversores.

6 Eliminación de barreras arancelarias y para-arancelarias, favoreciendo la apertura comercial. Implica un proceso creciente de desprotección de la producción local en el

marco de una exposición mayor con la producción externa.

7 Favorecer una legislación de Inversiones Externas atractivas para inducir la radicación de capitales y tecnología.

8 Asentar la estrategia de acumulación en la Iniciativa Privada y por ello inducir la privatización de las empresas públicas.

9 Desregular la economía, particularmente el mercado de trabajo, para eliminar las "distorsiones" que impusieron a través del tiempo las demandas de los trabajadores y sus organizaciones sindicales.

10 Impulsar las reformas institucionales que aseguren los derechos de propiedad (Gambina, J., op. cit., p. 191).

Este paquete de medidas pensadas para impulsar el crecimiento en América Latina - aunque ulteriormente adoptó un carácter general-, avaladas por instituciones y redes de expertos económicos formadores de opinión (think tanks) y organismos financieros internacionales (FMI Y BM), entre otros, tuvo como eje limitar la intervención del Estado en la economía, reducir el gasto público y el déficit fiscal, la liberalización del comercio y del sistema financiero, el estímulo a la inversión extranjera, la privatización de las empresas públicas, y la desregulación y reforma del Estado. Las políticas tendientes a contrarrestar la inflación -apertura al comercio internacional y reducción de las barreras aduaneras-, que dieron por finalizado el proceso de sustitución de importaciones, derivaron en el achicamiento del mercado para los productos de fabricación nacional y el resultante cierre de numerosas empresas.

En distintos países, pero sobre todo en Estados Unidos, numerosas instituciones aseguraban la difusión de estas ideas. Organismos económicos internacionales, por medio de sus informes anuales o de sus asesores, y fundaciones de grandes empresas, que financian universidades y cátedras de economía y administración, motivaron a diseñar lo que algunos denominaron "el pensamiento único" (cfr. Rapoport, M., op. cit., p. 361).

El argumento esencial de dicho paquete de medidas -siguiendo a Gambina- comprendía dos acciones centrales. Por un lado, el Ajuste Fiscal inducido procedería a ordenar y estabilizar las cuentas macroeconómicas. Para ello, se corresponderían aplicar medidas tendientes a disminuir el gasto público (uno de los componentes fundamentales de las espirales inflacionarias) y ampliar la recaudación. Estas medidas deberían ser acompañadas por un severo control de crédito interno (restricción crediticia) y de la demanda agregada (salarios e ingresos de sectores vinculados al mercado interno), para alcanzar, de esta manera, embestir la estructura de precios relativos. Por otro lado, se deberían implementar políticas que estimulen un shock de productividad en el ámbito empresario mediante reformas destinadas a lograr la liberación de la economía, esto es, las recomendaciones políticas del Consenso de Washington relativas al sector financiero, la estructura de comercio y su apertura, la desregulación del mercado de trabajo, entre otras. La concomitancia entre ambas acciones permitiría avanzar desde la estabilización al crecimiento (cfr. Gambina, J., op. cit., p. 192).

De esta manera, se promovió un desarrollo cimentado en el capital privado en detrimento del público, limitando a los Estados a una nueva funcionalidad que permita el libre desempeño de las fuerzas del mercado y se determinó la prioridad de lo económico sobre lo político, librando a cada individuo a su propia suerte.

El nuevo modelo de Estado y sus derivaciones políticas de privatizaciones, individualismo y competencia promovió la configuración de sociedades dualizadas. Retorna el darwinismo social, la idea de fuertes y débiles, de que son las capacidades personales naturales las que aseguran el éxito en la libre competencia. Se concibe a la pobreza como una marca estigmatizante y vergonzante, ya que según este neo-darwinismo los pobres no tienen la capacidad / aptitud de insertarse en el mercado. No se cuestiona al modelo como generador de exclusión, sino que al naturalizar la desigualdad se culpabiliza a los sujetos, se origina un desplazamiento del espacio donde se resolvían los conflictos, del Estado a la sociedad civil (cfr. Sinisi, L., 1999, pp. 191-192).

La idea sustentada en que el mercado es el mejor mecanismo de asignación de los recursos económicos y de la satisfacción de las necesidades individuales, condujo al desmantelamiento del aparato de Estado instaurando al mercado en el actor esencial de la regulación de la economía y la sociedad. Esto implicó, además, no sólo el avance del sector privado en lo económico, sino también en lo que concierne al ámbito social. Ya no sería el Estado el encargado de intervenir directamente en el bienestar del conjunto de la sociedad, sino que la regulación del bienestar social pasa a ser posesión del capital sobre la base de la privatización, mercantilización y control de los servicios sociales para el incremento de su rentabilidad.

Las reformas no sólo no lograron reducir los niveles de pobreza y desigualdad, sino que el conjunto del proceso de crecimiento entró en crisis. No obstante, en vez de suprimir el enfoque utilizado, los sectores dominantes reelaboraron su propuesta promoviendo una serie de reformas de "segunda generación" que permitirían corregir los defectos de las primeras. Estas reformas incorporaron a las reformas estructurales, políticas específicas de combate a la pobreza señalada como "extrema". Es decir, no todos los "pobres" serían elegibles para ser "ayudados". Por otro lado, en varios casos se hizo referencia al carácter incompleto de las reformas emprendidas y a la incapacidad de los gobiernos para aplicarlas enteramente como era requerido (cfr. Féliz, M., 2005, p. 278).

Los resultados desfavorables obtenidos en el primer quinquenio, especialmente en los países Latinoamericanos, condujeron a

Williamson a revisar las propuestas efectuadas. Entre las correcciones se hace hincapié en reorientar el gasto público hacia un direccionado gasto social, debido a los graves problemas distributivos que originó la aplicación del modelo. Se puntualizó que en asuntos de liberalización comercial debe aplicarse una actitud menos indiscriminada, esgrimiendo el poder de negociación internacional de cada gobierno. El llamado a la privatización y desregulación total de la economía del primer manifiesto se cambió por otro tendiente a reforzar la competencia de los mercados, ya que gran parte de las privatizaciones consumadas formaron mercados monopólicos privados (cfr. Gambina, J., op. cit., p. 192).

Las políticas sociales universales, que incluían el acceso generalizado a la seguridad social, la creación de un sistema de salud y educación público y gratuito de carácter masivo, habían permitido a la clase trabajadora refugiarse (al menos parcialmente) de los vaivenes del mercado de trabajo. Contra la universalidad de los beneficios sociales, las políticas sociales derivadas del Consenso de Washington pretendieron individualizar el acceso al bienestar social. "Si la universalidad había sido el reflejo de poder del trabajo sobre el capital, la focalización y descentralización de las políticas sociales marcaban el papel disciplinador que el capital buscaba imponer en el diseño de las mismas". Los trabajadores, por medio de la condicionalidad, tuvieron inevitablemente que a adaptarse a la disciplina del mercado (del capital) para acceder a los beneficios de la seguridad social en sentido amplio. "Quienes se negaran a cumplir con las condiciones impuestas o no pudieran hacerlo serían señalados como "no merecedores", y por tanto abandonados a su suerte" (cfr. Féliz, M., op. cit., pp. 308-309).

La nueva política social sostuvo como estrategia la privatización, con la resultante penetración y dominación de los espacios sociales para la inversión privada rentables, con el objeto de mercantilizar el bienestar de la sociedad. Para ello se buscó consenso y legitimación a través del diseño, por parte del capital, de una matriz de opinión orientada a crear una percepción en la población de ineficiencia, corrupción e insuficiencia de los servicios proporcionados por la administración pública, propiciando el contexto para establecer un mercado disponible y garantizado. Asimismo, el Estado para desprenderse de lo social, incentivó al capital a invertir ante la creciente demanda de servicios privados por parte de la población frente a la reducción del gasto social justificado en la crisis fiscal, menoscabando la prestación del servicio y la imagen de lo público ante la sociedad, permitiendo de esta forma legitimar la inversión privada en lo social. El capital sólo dejó en manos del Estado la política asistencialista y focalizada en los sectores más vulnerables con el objeto de aliviar la pobreza, ya que tales sectores no presentaban rentabilidad para el capital (cfr. Añez, C., 2004, p. 78).

Pobreza, desempleo, incremento en la desigualdad de ingresos, agudización de las desigualdades educativas, deterioro de la salud pública, entre otros, fueron los corolarios obtenidos por la implementación de dichas ideas. Ante el incontrastable incremento de la pobreza, las denominadas políticas sociales concebidas anteriormente como inversión para el desarrollo social, fueron sustituidas por una nueva concepción política que pasó a considerarlas un gasto necesario de compensación social, adoptando de esta manera un carácter temporario y asistencial. Fueron instituciones no gubernamentales de diferente índole, movimientos sociales y otras agrupaciones de la sociedad civil, las que buscaron atemperar los efectos del nuevo discurso dominante, muchas veces adoptando la responsabilidad de hacerse cargo de los excluidos del sistema.

No obstante, a partir de los postulados neoliberales que diseñaron políticas sociales y asistenciales, mayormente específicas o focalizadas, dirigidas a sectores o categorías socio-profesionales específicas, se promovió también la idea del emporwerment (empoderamiento) para que los pobres se adjudicaran la responsabilidad de enfrentar las dificultades y buscar soluciones por su propia cuenta o con la colaboración de alguna ONG (organización no gubernamental). "Estos enfoques cautivaron a numerosos profesionales, intelectuales y políticos que, a cambio de contratos generosos, se convirtieron en apóstoles de esta nueva creencia" (cfr. Neffa, J., 2005, p. 201).

Asimismo, los gobiernos neoliberales de la región se encaminaron a reestructurar las relaciones sociales y laborales con el objetivo de hacerlas funcionales a las nuevas condiciones de acumulación del capital, valiéndose de reformas legislativas sobre la legislación laboral destinadas a demoler los derechos de los trabajadores y así poder establecer legalmente la flexibilidad del trabajo en sentido regresivo, dejando a los trabajadores indefensos frente al desempleo, despidos masivos, rebaja salarial, recorte de prestaciones y derechos, con el consiguiente aumento de la pobreza y desigualdad social.

Las nuevas orientaciones de la dinámica laboral se desarrollaron en un contexto de debilitamiento de la organización sindical y por nuevas normativas que intentaron desplazar hacia la empresa el nivel de la negociación colectiva, objetivo explícitamente pretendido en el que se centraba la flexibilidad laboral.

En este contexto, el temor al despido o a la imposibilidad real de reinserción laboral en situaciones de exclusión, condujo a una mayor subordinación de los trabajadores, a su disponibilidad permanente, a la pérdida de control sobre el trabajo, esto es, a una coyuntura que en conjunto remiten a un escenario de sobreexplotación y desvalorización del trabajo (cfr. Escobar de Pabón, S., op. cit., p. 67) -en términos de reducción del salario-.

La historia del desarrollo capitalista de las décadas de los ochentas y los noventas del siglo XX es la historia del desmantelamiento de la dimensión social del Estado y de la configuración de un nuevo paradigma económico que sustenta la flexibilización de las relaciones sociales de producción. En esta nueva forma de economía capitalista, el desarrollo de las fuerzas productivas estimula el incremento de la explotación de la fuerza de trabajo y de la productividad. Aquí, el Estado desempeña un papel central (Sotelo Valencia, A., op. cit., pp. 45-46).

2.2. COMPOSICIÓN DEL NUEVO ESCENARIO LABORAL

Como se mencionó anteriormente, en el proceso de acumulación capitalista es indispensable la regulación de las relaciones laborales a través de modelos que determinan el proceso y formas de trabajo, con el objeto de obtener una mayor productividad del trabajador y la subordinación del trabajo al capital. La existencia de determinados modelos se concibe concomitantemente con la crisis del capital o cuando los modelos no responden a sus expectativas, condiciones que determinan su reestructuración, transformando y acomodando las relaciones sociales de producción en cada momento circunstancial. Esta necesidad por parte del capital, determina a que la organización del trabajo y las relaciones laborales, se transformen teniendo en cuenta la racionalidad económica que demande los intereses del mercado.

El régimen de acumulación sustentado por el fordismo, a pesar de haber producido crecimiento económico, devino en un estorbo para la rentabilidad del capital y en un factor de crisis del sistema, asociado, además, al endeudamiento del Estado para cumplir con el costo de trabajo en relación a aumento salarial, protección del trabajador y implementación del sistema de seguridad social que, entre otras decisiones económicas y sociales, se traducían en una progresiva inflación.

La reconfiguración del sistema de acumulación capitalista, a partir de la crisis del régimen fordista-keynesiano sustentado por los Estados sociales, produjo una profunda transformación -flexibilización- de las relaciones laborales, específicamente, de las formas de producción fordista y, por ende, en las condiciones de contratación y uso de la fuerza de trabajo, en detrimento de la clase obrera con la consiguiente ruptura de sus derechos tradicionales de protección social -a la salud, educación, prestaciones sociales, salarios dignos, estabilidad laboral, condiciones adecuadas de trabajo, entre otros-, producto de las luchas obreras y las organizaciones sindicales que llevaron a materializar sus conquistas a través de la negociación colectiva efectuada con el capital e intervención estatal.

Empero, las condiciones que propiciaron el deterioro de la clase trabajadora no derivó sólo de la incorporación de un nuevo modelo de regulación de las relaciones de trabajo, sino no que está en correspondencia a la consolidación de las postulados neoliberales como políticas de Estado, que hacen de aquel, un instrumento más de la pretendida destrucción del movimiento obrero preconizada por dichos postulados abrazados por el capital. De esta manera, la definición y puesta en práctica de un nuevo modelo de regulación del trabajo encauzado desde el capital e instaurado desde la conformación del nuevo Estado neoliberal, se presentó como condición necesaria para el sostenimiento de una clase trabajadora adecuada a las exigencias y esquemas de un nuevo modo de producción universalizado. Mediante la flexibilización y la globalización de mercado, el capital logró homogenizar la organización del trabajo y la explotación del trabajador, incrementando la productividad de la fuerza de trabajo y, por ende, la maximización del beneficio, sin alterar el patrón de acumulación.

La forma que asumió la acumulación de capital a partir de la crisis del fordismo, fue la flexibilización de la fuerza de trabajo. "Ésta refuncionalizó las leyes capitalistas (leyes del valor, de la plusvalía y de la tasa de ganancia sobre procesos específicos de acumulación y reproducción del capital en escala global) e impulso la concentración y centralización[27] de capital y de la riqueza social". El proceso global de explotación, que comporta la concentración

---

[27] "La concentración implica monopolización de medios de producción y de fuerza de trabajo por capitalistas individuales a partir de la expropiación de los productores directos (campesinos, artesanos, obreros independientes, etc.) o de capitales individuales [...], la centralización, estimula el proceso de monopolización-absorción de capitales entre sí" (Sotelo Valencia, A., op. cit., p. 12).
La concentración económica hace referencia a "la incidencia que tienen las mayores firmas o conglomerados empresarios de una actividad en la producción total de la misma. Por su parte, la descentralización del capital, "alude a los procesos en los cuales unos pocos capitalistas acrecientan el control sobre la propiedad de los medios de producción con que cuenta una sociedad, mediante la expansión de su presencia en uno o múltiples sectores económicos a partir de una reasignación del stock de capital existente (compra de empresas, fusiones, absorciones, asociaciones, etc.)" (Schorr, M., 2007, p. 1).

y centralización de capital, al encontrar cada vez más dificultades para producir valor y, por lo tanto, riqueza social, determina al empresariado como un todo a reparar sus pérdidas apelando a la superexplotación del trabajo allí donde existen las condiciones económicas, políticas y jurídico-institucionales, ya no solamente en la periferia del sistema sino, incluso, en los países del capitalismo central. La centralización extendida en escala ampliada, principalmente en condiciones de expansión de las corporaciones multinacionales, se convirtió en un eficaz instrumentó de acumulación y viabilizó la homogenización en las condiciones de organización y explotación de la fuerza de trabajo a nivel global (cfr. Sotelo Valencia, A., op. cit., pp. 12-16).

Con el surgimiento de políticas de carácter neoliberal, se efectuó la transformación del mundo del trabajo en varios contextos. En lo laboral, se propiciaron reformas de las condiciones de contratación, uso y despido de la fuerza de trabajo, se desmantelaron garantías y prestaciones económico-sociales para los trabajadores y se establecieron reformas para regular los salarios de acuerdo con las tasas de productividad. Con respecto a lo social y sindical, se redujo el marco de acción legal y político de los sindicatos disminuyendo su poder en las relaciones obrero-patronales, se disolvió el derecho a huelga y se incrementó el dominio de las gerencias sobre el mundo del trabajo. Contra la intervención del Estado en las relaciones laborales a través de respectivas legislaciones, los cambios en el ordenamiento jurídico-político en el mundo del trabajo ha representado la desreglamentación de la legislación laboral, a la vez que se promovió el regreso a la legislación civil como procedimiento para reglar la contratación, bajo el supuesto de que la autotutela es la mejor protección para el trabajador (cfr. Camejo, A., 2005, pp. 240-241).

Tanto en los países periféricos como en los centrales, la reconfiguración del mundo laboral se caracterizó, principalmente, por la precarización y eliminación de puestos de trabajo, segmentación y desempleo estructural, corolario de un nuevo modelo de acumulación que se valió del incremento de la explotación de la fuerza de trabajo, para compensar los efectos generados por la crisis del modelo de acumulación fordista.

La profunda interrelación, organizada y a escala internacional de la producción de bienes y servicios producto de la globalización económica, generó las condiciones para que las empresas recuperen la rentabilidad perdida o intenten prevenir su pérdida, a través de la reducción de costos, recurriendo a formas segmentadas o descentralizadas de trabajo, localizándolas en economías nacionales diferentes, de reducido costo laboral, estableciendo redes supranacionales de producción. Asimismo, la globalización comprende otros aspectos que trascienden la idea de intercambio comercial o movilidad de capitales. Alberga la idea de "masificación", contradiciendo la heterogénea composición política y cultural de los países y las regiones del mundo, que deriva en la reducción de la regulación del trabajo humano por medio del mecanismo de "Igualación a la baja" de las condiciones de protección en uso en cada territorio (cfr. Fernández Brignoni, H., 2001., pp. 7-8).

La instauración de la diversificación, movilidad geográfica y flexibilidad de los mercados de trabajo, los procesos laborales y los mercados de consumo, fueron concomitantes a la innovación tecnológica e institucional.

La forma de organización y las técnicas gerenciales propias de la producción en masa de alto volumen, estandarizada, de la economía de escala, fueron sustituidas por las economías direccionales de producción de bienes con menos costos en pequeñas series y formas industrializadas que acudían a una red de terciarización[28] y subcontratación (en busca de espacios en países subdesarrollados donde las exigencias del contrato social con las fuerzas de trabajo son casi inexistentes), para obtener más flexibilidad ante la mayor competencia y riesgo, lo que posibilitó satisfacer un espectro más amplio de necesidades del mercado, reduciendo el tiempo de rotación del capital a partir de la incorporación de nuevas tecnologías productivas y nuevas formas organizativas,

---

[28] A través de la globalización de los mercados, se hizo posible la simultaneidad de la producción de un producto en diferentes países con objeto de incrementar la producción y abaratar los costos y, por ende, acrecentar las ganancias de las empresas transnacionales. Concretamente, la terciarización consiste en el traspaso de actividades productivas o prestaciones de servicios de una empresa a otra. Asimismo, este fenómeno se liga con otro denominado subcontratación (outsourcing), mediante el cual la empresa contratada para realizar determinado proceso productivo o brindar algún servicio, a su vez, subcontrata a otra para realizar parte de aquella actividad para la cual fue contratada.

permitiendo la aceleración del tiempo de rotación de la producción -innovación del producto- con la consiguiente reducción del tiempo de la rotación en el consumo (cfr. Harvey, D., 1998,   pp. 178-179). La denominada "Tercera Revolución Industrial"[29], basada en el desarrollo de los ordenadores y la robótica, permitió que las nuevas tecnologías utilizadas en el proceso productivo, disminuya el tiempo de trabajo socialmente necesario tanto para la reproducción de las mercancías en general, como de la fuerza de trabajo en particular, incrementando la productividad del trabajo (cfr. Sotelo Valencia, A., op. cit., p. 14). En este contexto, el acceso a la información y el control sobre ella, junto con la capacidad

---

[29] "A pesar de los avances que supuso para la organización del trabajo en el capitalismo del siglo XX los cambios introducidos por el taylorismo y el fordismo, para muchos investigadores, más que con el avance de la automatización o los cambios en la organización del trabajo, fue con la denominada "revolución microelectrónica" ´-que permitió el auge de las nuevas tecnologías de la información y comunicación- que a finales de los años setenta se produjo el pasaje a una nueva etapa o fase del capitalismo. Esta fase comienza con la producción microelectrónica, se afirma con la producción asistida por computadora y se consolida con difusión de las computadoras personales desde los años ochenta y la Internet en los años noventa. Para algunos sociólogos del trabajo, este pasaje reconoce su origen "técnico" a partir de la posibilidad de "digitalizar" la información" (Miguez, P., 2008, p. 7).

para el análisis instantáneo de los datos, se torna fundamental para la coordinación de los intereses de las corporaciones, con el objeto de dar respuesta inmediata a los cambios en el mercado de valores, a las modas y gustos, y a los movimientos de la competencia, para lograr su supervivencia. El acceso a la última técnica, al último producto o descubrimiento científico, implica la posibilidad de obtener ventajas competitivas. El conocimiento mismo se transforma en mercancía clave, producida y vendida al mejor postor, cobrando relevancia de esta manera los servicios empresariales y consultarías de alta especialización capaces de proveer información sobre las últimas tendencias del mercado necesarias para la competitividad de las corporaciones, en un mundo de gustos y necesidades volubles y de sistemas de producción flexibles (cfr. Harvey, D., op. cit., pp. 182-183).

El nuevo régimen de acumulación flexible que entra en confrontación directa con la rigidez del fordismo, introduce nuevas formas de organización de la producción, ligada al modelo japonés diseñado por el ingeniero Taichi Ohno, denominado onhismo o sistema Toyota -toyotismo- que, a diferencia de la producción en masa de alto volumen, estandarizada que respondían a mercados homogéneos, se centró en la producción de volúmenes limitados de productos diferenciados hacia mercados heterogéneos. Para ello se desarrolló el sistema Kanban[30], que tenía por objeto la fabricación de un producto a partir de la demanda y no de la oferta.

En esta nueva forma de organización de la producción, las ganancias de productividad no se alcanzaban a través de la reducción de los costos medios unitarios derivados de repartir los costos fijos en la producción de grandes volúmenes de productos, propios de las economías de escala (cfr. Coriat, B., 1995, pp. 21-22), sino mediante la intensificación del trabajo en una fábrica mínima y flexible, donde tuviese exclusivamente los equipos, las funciones y el personal rigurosamente necesarios para producir únicamente lo demandado, respondiendo a los cambios cuantitativos y cualitativos, tanto del mercado interno como externo (cfr. Añez, C., Useche,

---

[30] El kanban, que significa "tarjeta" en japonés, representa un sistema de fabricación en el que unas tarjetas se encuentran unidas a los productos terminados en línea de producción. Cuando estos productos se venden, el kanban - la tarjeta- retorna a la línea para la elaboración de un nuevo producto, apelando de esta forma, al manejo de un mínimo de stock.

M., 2003, p. 219). Para que la empresa mínima pueda funcionar, se requirió flexibilizar la fuerza laboral y establecer la demanda de dos tipos de trabajadores: un trabajador estable en la fábrica y, otro, de contratación eventual, de acuerdo a las fluctuaciones en las demandas del mercado (Ibídem, p. 219).

A su vez, el toyotismo "[...] en vez de proceder por destrucción de los conocimientos obreros complejos y por descomposición en movimientos elementales, procederá por desespecialización de los profesionales para transformarlos, no en obreros parcelarios, sino en plurioperadores, en profesionales polivalentes" (cfr. Coriat, B., op. cit., p. 41), lo que resulta sumamente conveniente para el capitalista ya que permite reducir el número de trabajadores y costo en mano de obra, y disponer de los trabajadores según sus necesidades y conveniencias para elevar los niveles de productividad, y apoderarse de sus conocimientos para corregir o perfeccionar el proceso productivo.

Mediante una formación intensa del personal en el lugar de trabajo, a través de la rotación de los trabajadores en actividades y tareas semejantes para obtener conocimientos prácticos y/o habilidades cercanas unos de otros, se perseguía que los mismos puedan operar diverso tipo de máquinas y responsabilizarse de varios procesos, con el propósito de que alcancen múltiples competencias[31] que los conviertan en

---

[31] "Las competencias laborales pueden ser definidas como un conjunto identificable y evaluable de capacidades que permiten desempeños satisfactorios en situaciones reales de trabajo, de acuerdo a los estándares históricos y tecnológicos vigentes. De esta manera, en la definición de competencia se integran el conocimiento y la acción. Las capacidades que permiten desempeños satisfactorios se forman a partir del desarrollo de un pensamiento científico-técnico reflexivo, de la posibilidad de construir marcos referenciales de acción aplicables a la toma de decisiones que exigen los contextos profesionales, de desarrollar y asumir actitudes, habilidades y valores compatibles con las decisiones que se deben tomar y con los procesos sobre los cuales se debe actuar responsablemente. El concepto de competencia laboral permite retomar las nociones de calificación y de profesionalidad de los/las trabajadores/as, las cuales, bajo el modelo taylorista-fordista, habían sido desarticuladas y circunscriptas a una minoría de ocupaciones [...] Los nuevos modelos de organización del trabajo comenzaron a requerir de los/las trabajadores/as operativos mayores capacidades en términos de: Adaptación y anticipación a los cambios del entorno que propone la competitividad de las economías. Capacidad para asumir una fuerte dinámica de aprendizaje como base de la innovación y la competitividad y como mejor respuesta a la incertidumbre; esta dinámica de aprendizaje les es exigida tanto a los individuos como a las organizaciones. Adaptación a situaciones imprevistas y capacidad de dar respuestas reflexivas en lugar de responder con rutinas y acciones prescriptas. Ejecución de trabajos más complejos y de mayor dominio técnico sobre procesos de trabajo de ciclos más largos, o capacidad de integrarse a diversas funciones. Intervención en funciones de gestión de la fase de la producción a su cargo. Reconversión ante cambios de líneas de producción, de variedad de modelos, de operación con nuevas materias primas o tecnologías

trabajadores polivalentes, lo que implicaba no sólo conocer y aprender las actividades en cada puesto de trabajo, sino además, hacer uso de los conocimientos aprendidos para innovar, crear o generar algún tipo de aporte, en función de optimizar los procesos, los trabajos y lograr de esta manera un incremento en la productividad de la fuerza de trabajo (cfr. Añez, C., Useche, M., op. cit., pp. 219-220). Asimismo, dentro del sistema kanban, parte de la planificación queda en manos de los jefes de equipo y no de la gerencia, permitiendo llevar

---

Participación activa en los procesos de realización de la calidad. Liderazgo de equipos. Interacción y comunicación en relaciones funcionales y jerárquicas. Contribución en los procesos de mejora contínua de los productos, de los procesos, de los procedimientos. Interpretación de documentación técnica, de gestión, y relativa a las demandas de clientes internos y externos Este paradigma comienza a requerir nuevas calificaciones en los/las trabajadores/as y presenta un modelo de flexibilidad y polivalencia funcional que se traducirá en nuevos requerimientos en materia de selección, de capacitación, de salarios, de condiciones de trabajo" (Catalano, A., Aviolo de Cols, S., Sladogna, M., 2004, pp. 27-28-39).
Las nuevas formas de organización de la producción establecen perfiles de trabajadores con relación a su capacidad para solucionar dificultades, de brindar respuestas a las fluctuantes y diversas demandas de los clientes y, por consiguiente, reclaman de ellos la flexibilidad necesaria para responder de forma apropiada y eficiente en estos contextos, lo que produce que la formación para el trabajo se redefina, situando al conocimiento y a las capacidades en general como un bien individual (cfr. Grinberg, S., 2003, pp. 195-196).

el control de calidad en el seno de la fabricación. Los trabajadores no sólo se encargan del control de calidad, sino también de las tareas de diagnóstico, reparación y mantenimiento. El kanban se complementa con el establecimiento de líneas de producción llamadas "en U", donde las entradas y salidas de la misma se hallan enfrentadas, permitiendo una mayor flexibilidad de las tareas concedidas en función de la naturaleza de los productos solicitados, ya que las barreras entre puestos de trabajo se tornaron móviles y las tareas compartibles (cfr. Miguez, P., 2008, p. 6).

Con respecto al sistema de salarial establecido por el modelo toyotista, el mismo se determina en relación a la productividad que haya tenido el trabajador en el desempeño de sus tareas, lo que hace que el salario no sea homogéneo para todos, sino que se establezca individualmente. Las evaluaciones en los períodos de formación, la capacidad del trabajador en reubicar los conocimientos adquiridos en sus actividades organizacionales y en la antigüedad que éste tenga en la empresa, son tres de las condiciones básicas para la fijación del salario como también para el aumento del mismo, generando que el plazo entre un incremento y otro sea muy prolongado. Por otro lado, en las relaciones laborales establecidas el sistema toyotista, se introdujo el sindicato de empresa utilizado por el capital para terminar con los conflictos laborales y manipular a los trabajadores por medio de acuerdos o formas de cooperación, subordinando a los trabajadores a los requerimientos decretados por la empresa (cfr. Añez, C., Useche, M., op. cit., pp. 220-221).

La gestión en flujo continuo, la producción sobre pedido, la respuesta inmediata a las coyunturas del mercado, se establecieron como determinantes para el funcionamiento competitivo de las empresas. Para asumirlos, apelaron a la subcontratación (flexibilidad externa), encomendando a "empresas satélites" la responsabilidad de afrontar las fluctuaciones del mercado a costa de precariedad en las condiciones de trabajo y riesgo de empleo, o a formar a su personal con flexibilidad y polivalencia adaptándolos a los cambios tecnológicos (flexibilidad interna), pero al precio de excluir a quienes no logren cumplir con las nuevas normas de exigencias (cfr. Castel, Robert., 1997, pp. 406-407).

Si por un lado, la incorporación de nuevas maquinarias junto al cambio en la organización técnica del trabajo se tradujo en innovación de los procesos, por otro lado, al mismo tiempo, devino también en la descalificación de los puestos de trabajo, debido a que la calificación técnica y los saberes aprendidos en el sistema de educación formal comenzaron a perder relevancia frente a los nuevos procesos de trabajo. El denominado capital humano acumulado por los trabajadores perdió vertiginosamente su valor de cambio, dejando de ser una escalera entre los trabajadores que permitía ascender en la jerarquía para convertirse en un paracaídas que desacelere la caída (cfr. Filmus, D., 1999, pp. 116-117).

Las nuevas exigencias de formación para el mundo del trabajo han alterado la relación entre educación y movilidad social. En el esquema fordista tradicional de producción, la escolarización comprendía una solución a los problemas de la incorporación al mercado de trabajo y movilidad social, en tanto que la escolarización de un aparte de la población favorecía al resto ya que dejaba vacante puestos de trabajo menos calificados, pero concernientes a la misma estructura productiva. Por su parte, la educación superior garantizaba el acceso a cocimientos que servían para gran parte del período de vida activa de una persona. Ahora, en cambio, se presenta como indispensable educarse a lo largo de toda la vida para poder adaptarse a los requerimiento fluctuantes del desempeño social y productivo (cfr. Tedesco, J. C., 2002, pp. 60-62).

En esta coyuntura nadie estaría exento o resguardado definitivamente contra el desempleo, a ser relegado a un nivel inferior o a la reducción de sus ingresos, incluso para quienes detentan niveles de instrucción y de formación profesional. A su vez, ante la caída de la demanda laboral y una elevada oferta, se presentaría más problemática la inserción al mercado de trabajo para aquellas personas con menor capacitación o nivel de instrucción, ya que para dicha inserción, generalmente -ante la elevada oferta-, se incrementan las exigencias en relación al nivel educativo de los trabajadores, sea cual fuere el lugar al que se aspira.

Por otra parte, la inclusión de las nuevas tecnologías informatizadas en el proceso productivo, presenció una disminución de la intervención del trabajo humano en determinadas tareas que se relacionaban con la acción directa del trabajador, ya sea a través de herramientas o máquinas, en la transformación de la materia (trabajo directo), derivando en un incremento de vigilancia, control y mantenimiento de las instalaciones de líneas automatizadas (trabajo indirecto). No obstante, el trabajo directo no desaparece, sino que se enfoca en las tareas de alimentación, vigilancia, diagnósticos, pequeñas reparaciones y el cuidado del rendimiento general de las instalaciones, debiendo el trabajador poder anticipar, controlar y reducir los imprevistos (cfr. Miguez, P., op. cit., pp. 4-5).

Asimismo, parafraseando a Sotelo, con la emergencia de las nuevas tecnologías de la información y comunicación, surgió una nueva categoría de profesionales que emanaron del campo de la ciencia, de la ingeniería, de la gestión, de la consultoría, del marketing y de los medios de comunicación, denominados analistas simbólicos o trabajadores del conocimiento,[32] lo que generó la aparición de

---

[32] "Según la OIT, un "trabajador del conocimiento" es aquel que no solamente posee un conocimiento sino que, además, genera ideas y nuevos conocimientos. De acuerdo con esta definición, la OIT apoyada en fuentes de la OCDE, estima que este tipo de trabajadores pueden ser clasificados en dos grandes grupos: a) trabajadores no ligados al sector de información y b) trabajadores ligados a la información. Este segundo grupo se divide, a su vez, en dos subcategorías: a) los que manipulan la información (trabajadores de la información) y b) los que crean ideas (*knowledge workers*)" (Sotelo Valencia, A., op. cit., p. 61).

algunos "ideólogos" que postularon el desgaste de centralidad del mundo del trabajo y en la relación de éste con el capital y el Estado, frente a las fuerzas del conocimiento y la tecnología. Empero, carece de argumento -como sostiene Sotelo- pensar que el mundo del trabajo haya dejado de ser la fuerza esencial de la producción y la creación del valor, ante la indiscutible comprobación de la centralidad del trabajo en la reconfiguración de la relación trabajo-capital que afectaron los procesos productivos de las ramas industriales completas y el lugar que ocupaba el mundo del trabajo en la sociedad (cfr. Sotelo Valencia, A., op. cit., p. 60).

Si bien existieron cambios que introdujeron modificaciones en el lugar que tiene el trabajador en la producción y en la acumulación de capital, ya sea por el avance tecnológico o por las nuevas formas de organización de la producción e inclusive si se quiere por el aumento de la actividad terciaria, dicha producción y acumulación del capital no se efectúa sin trabajadores asalariados.

Por otro lado, si bien la demanda de personal calificado durante las últimas dos décadas del siglo pasado aumentó, siendo los nuevos empleos creados destinados principalmente para profesionales y técnicos tanto en los países desarrollados como para los países en vías de desarrollo, y, por el contrario, el aumento de empleo para trabajadores de la producción entre los que se incluyen trabajadores manuales y artesanos, pero fundamentalmente poco o no calificados, ha sido mínimo y en ciertos casos no lo hubo tanto en los países en desarrollo como en los desarrollados, existe una excepción que se sitúa en el sector de ventas y servicios. La creciente incorporación a este sector de trabajadores no calificados indica el auge de los servicios en las economías desarrolladas, como también una propensión de los que buscan trabajo o capacitarse en las destrezas demandadas por los empleos del sector servicios (OIT[33], 1999, ctd. en Sotelo Valencia, A., op. cit., p. 65).

Durante las dos últimas décadas del siglo pasado, la mayor parte de los nuevos puestos de trabajo no se crearon en los sectores

---

[33] OIT, Informe sobre el empleo en el mundo 1998-1999, Tendencias del empleo en el mundo: un panorama desalentador, Ginebra, 1999.

tecnológicamente más avanzados, sino en el sector de servicios.

Según plantea Weller, en América Latina y el Caribe las ramas de actividad del sector terciario aportaron alrededor de 90% de los nuevos puestos de trabajos que se crearon en la década del '90, y a fines de la misma representaron el 55% del empleo total. Por otro lado, en los países industrializados la expansión del sector terciario generalmente fue vista como señal de la evolución de la estructura productiva y de la sociedad en general, lo que estaría en relación con la idea de una posible sociedad posindustrial que a partir del desarrollo de la ciencia y la tecnología, reduciría la proporción de trabajadores manuales y no calificados, convirtiendo a la mayor parte de la fuerza laboral productora de bienes y servicios no tangibles, y donde el conocimiento llegaría a ser el factor principal para el crecimiento económico, y la educación y la calificación profesional serían componentes fundamentales para el bienestar individual y el ascenso social. La contribución de las actividades terciarias al crecimiento económico aumentaría tanto por su proporción progresiva en la composición del PBI, como por su rol estratégico para mejorar la competitividad de las empresas de otros rubros y de las economías enteras, en el sentido de una competitividad sistémica. Una representación de esta tendencia es la externalización de ciertas actividades y la subcontratación de empresas especializadas para el abastecimiento de determinados servicios (como los de apoyo administrativo -back offices-, procesamiento de datos y consultoría) que demandan altos niveles de calificación de los trabajadores. No obstante, algunos servicios tienen las barreras de entrada más bajas de todas las ramas de actividad, debido a bajos o nulos requerimientos de capital, tierra, tecnología y capital humano, por lo que pueden servir de "refugio" a una fuerza laboral que no haya empleo en actividades más productivas y mejor remuneradas. Esto implica que también en el sector terciario se ha concentrado la generación de empleo de poca productividad, mal remunerado y de mala calidad, debido a las bajas barreras de entrada a ciertas actividades, como los servicios personales y el comercio. De esta forma, se ha observado que también en los países industrializados un segmento significativo de los nuevos puestos de trabajo en el sector servicios se caracteriza, entre otras cosas, por escasos niveles de calificación, baja remuneración e inestabilidad laboral, la que se habría fortalecido por la disminución de la demanda de personal no calificado procedente de la industria manufacturera. En consecuencia, la estructura ocupacional evolucionaría en forma polarizada, con un importante crecimiento del empleo en el extremo inferior y en la cima de la escala de calificaciones y esto se reflejaría tanto en los países industrializados como para los de América Latina y el Caribe, ya que en ambos grupos de países existen tendencias múltiples, aunque el peso relativo de ellas varía (cfr. Weller, J., 2004, pp. 160 a 164).

Hacia el último año del siglo pasado, por su parte,

[...] los empleos del sector de las nuevas tecnologías de la información y la comunicación representan 4.4% del empleo total en los países más industrializados (Estados Unidos, Japón, Alemania, Francia, Inglaterra, Italia y Suecia) [...] el sector de información y comunicación representa sólo 6.1% del total del empleo en Estados Unidos, mientras que en 15 países de la Unión Europea -donde comparecen Francia y Alemania que absorben entre ambos alrededor del 50% del PIB regional-, dicha proporción representa 3.9% del empleo total [...] El desarrollo de la sociedad informática no permite justificar la tesis relativa a que el trabajo asalariado ya no es el eje del conflicto social y de la reproducción del sistema debido a la disminución del volumen de empleo en el sector industrial y al crecimiento del mismo en sectores como los servicios. Por el contrario, es una realidad palpable que el sistema capitalista -y, por tanto, el trabajo asalariado- ha ensanchado su esfera de acción, y las "nuevas formas" de trabajo que generalmente se ponen como ejemplo para "comprobar" la supuesta pérdida de centralidad del trabajo (como el trabajo a domicilio, el trabajo a destajo, los servicios, el trabajo por cuenta propia, el trabajo intelectual en las industrias de la computación y de microchips, etcétera) corresponden a la lógica del capital global. Por lo demás, es evidente que la informalidad y la marginalidad no se sustraen a las determinaciones del ciclo del capital, particularmente a la dinámica capitalista de los precios y por ende de los salarios, tasas de interés, moneda, tipo de cambio, etcétera y de la circulación capitalista en general. Ni siquiera los emporios selectos del "analista simbólico" del capitalismo informático escapan a esas determinaciones. Así en el Silicon Valley en California, Estados Unidos, además de la existencia de largas jornadas de trabajo de hasta 60 horas a la semana en promedio, el aumento de trabajadores ha sido fundamentalmente en la forma de trabajadores temporales y por cuenta propia (Sotelo Valencia, A., op. cit., pp. 65-66).

Dentro del escenario laboral que se fue gestando a mediados de los '70 y encontró su esplendor en los '90 -principalmente en los países de la región-, la flexibilización de la fuerza de trabajo, los procesos productivos y los mercados de mano de obra; las nuevas formas de gestión y organización del trabajo; de exigencias de adaptabilidad, polifuncionalidad y demás competencias de los individuos para su empleabilidad; la emergencia de la tecnología digitalizada y nuevas categorías profesionales; de economías direccionales que recurren a una red de subcontratación y terciarización con el objeto de obtener una mayor flexibilidad que favorezca la obtención de un estrepitoso aumento en los márgenes de ganancias para el capital -entre otras cuestiones-, fueron conformando diferentes componentes dentro de un conjunto de factores que favorecieron las condiciones para que gran cantidad de trabajadores sean apartados del sector productivo y el mercado laboral, con el consiguiente avance de la desigualdad social. Condiciones que lógicamente no fueron fortuitas -ni tampoco se corresponden con la "tercera revolución industrial o microtecnológica" y la presunta existencia de una "sociedad sin trabajadores" construida con la base de las tecnologías de la comunicación y la información-, sino producto de la nueva reconfiguración del sistema capitalista en el interior del Estado -que de ninguna manera a dejado de tener al trabajo como centro de valor-, quien asumió en sus políticas la afirmación de los postulados neoliberales, cediendo gran parte de su capacidad reguladora y ordenadora de la sociedad, al sector privado y el mercado.

CAPÍTULO 3
DISCIPLINAMIENTO LABORAL EN ARGENTINA

CAPÍTULO 3

DISCIPLINAMIENTO LABORAL EN ARGENTINA

3.1. LA REFORMA ECONÓMICA COMO SUSTENTO POLÍTICO PARA LA SUBORDINACIÓN DEL TRABAJADOR

El deterioro de las condiciones de vida de los trabajadores y el resultante disciplinamiento de los mismos en Argentina, no fue una característica circunscripta a la implementación de las políticas neoliberales que se llevaron adelante en la década del '90 durante el transcurso de los períodos de gobierno del Dr. Carlos Saúl Menem (1989-1995/1995-1999), sino que éste reafirma y profundiza un camino abierto por la última dictadura militar (1976-1983), en la cual se promovió un proceso de desindustrialización bajo un nuevo modelo de acumulación basado en el capital monopolista y financiero y reprimarización de la economía, que sirvió de estrategia política para el disciplinamiento social.

Así, durante el período dictatorial -siguiendo a Canitrot-, la reforma económica era una condición necesaria para la reforma política, en tanto que se centra más en los objetivos políticos que en los económicos, lo que determinó una doble relación: el plan económico de las dictadura militar aparece como dependiente del proyecto político pero a su vez como condicionante (cfr. Canitrot, A., 1979, p. 15).

Los conflictos sociales emanados de la activación política de las clases populares y la presión progresiva que estas eran capaces de ejercer en defensa de sus reivindicaciones, llevó a ciertos sectores reaccionarios a señalar la presencia de tendencias "socializantes" inherentes al sistema económico, cuyo restablecimiento requería la reestructuración del propio modelo de acumulación. En consonancia con esta visión, las fuerzas armadas adoptaron una concepción según la cual la estabilización del país solicitaba no sólo del avasallamiento institucional y represivo de los mecanismos de representación corporativa de la clase obrera y de la pequeña burguesía, sino la modificación concluyente de las condiciones estructurales que habían posibilitado la movilización de estos sectores (cfr. Gallo, M., 2007, p. 1).

La aparición de una nueva central sindical "rebelde" -CGT de los Argentinos (1968)- y los levantamientos obreros desde fines de los años '60 y principio de los '70 -el cordobazo (1969), el viborazo (1971), el mendozazo (1972), entre otros-, como así también la existencia de grupos más radicalizados -tales como Montoneros y el ERP (Ejército Revolucionario del Pueblo)-, entre otras cuestiones, generaron una serie de conflictos sociales y políticos, y pusieron en evidencia la disputa abierta en el terreno de la hegemonía política dentro del contexto nacional[34].

---

[34] "[...] en todo el período que va de mediados de los años 40 hasta mediados de los 70, el país creció económicamente y la distribución del ingreso no empeoró en demasía a pesar del diferente carácter de los distintos gobiernos que fueron pasando, civiles y militares. Pero hubo una fuerte inestabilidad del sistema político, que comenzó con la proscripción del peronismo. Esto condujo, por un lado, a la radicalización de vastos sectores populares, influenciados también por la revolución cubana y movimientos contestatarios en otros países, y llevó, por otro, a un endurecimiento de lo que llamamos el «partido de derecha», que se expresaba a través de las fuerzas armadas. El gobierno desarrollista de Frondizi tuvo cerca de 30 planteos o intentos de golpes de estado antes de ser derrocado y, luego, el radical Íllia, que presidía un gobierno débil por las proscripciones políticas, cayó de la misma manera en 1966. El peronismo volvió con el apoyo popular después de que los militares dejaron el poder en 1973, pero entró pronto en profundas contradicciones internas (en la que participaron grupos armados de

El régimen dictatorial que se inicia con el golpe de Estado de marzo de 1976, representó los intereses de las élites tradicionales y el objetivo de liquidar las alianzas populistas que se asentaban sobre el aparato productivo industrial. Para ello, era indispensable transformar radicalmente la estructura económica, lo que suponía la reformulación del papel del Estado y, por lo tanto, desmantelar el modelo de industrialización sustitutiva de importaciones.

Dicho modelo, principalmente en su variante desarrollista[35] iniciada en 1958, favoreció a consolidar a la industria como núcleo dinámico de la economía. La concurrencia de inversión extranjera directa promovida durante esta fase del modelo, incidió en la transformación del

izquierda y sectores paramilitares de derecha), que se agudizaron con la muerte de Perón y dificultaron una nueva salida política" (Ropoport, M., 2007, p. 7).

[35] Para el desarrollismo la dificultad que presentaba el proceso de industrialización de la economía argentina era haberse basado en el desarrollo de la industria liviana, lo cual generaba la necesidad constante de importar bienes de capital, insumos industriales y combustibles. Por tal motivo, para lograr un proceso de industrialización sustentable a largo plazo consideraba necesario avanzar hacia la producción de industria pesada: acero, petroquímica, metalmecánica, automotriz, maquinarias herramientas y generación de energía, recurriendo al capital extranjero ante la falta de recursos y equipamiento físico locales suficientes (cfr. Fraschina, J., 2008, p. 11).

sector manufacturero, viabilizando el crecimiento de ramas hasta ese momento inexistente en el país, tales como la metalmecánica y la petroquímica, en un proceso encabezado por las empresas transnacionales. La orientación del modelo hacia el mercado interno permitía una participación relativamente elevada en los ingresos de los asalariados, a fin de conservar una demanda solvente de bienes industriales. "Asimismo, el crecimiento económico y la expansión de la industria consolidaron el carácter asalariado e industrial de los sectores populares, los cuales, sobre la base de una estructura sindical y una identidad política muy desarrolladas, y en alianza con la pequeña burguesía industrial nacional, estaban en condiciones de limitar las pretensiones hegemónicas de los sectores dominantes" (cfr. Gallo, M., op. cit., p. 2), representados por el capital extranjero industrial y otra fracción industrial que formaba parte de la oligarquía agropecuaria pampeana y que habían diversificado sus inversiones hacia la actividad industrial -entre otras- durante la etapa agroexportadora, conformada también por capitales de origen extranjero (cfr. Basualdo, E., 2006, p. 137). No obstante, a pesar del rol subordinado de la oligarquía agropecuaria a la oligarquía diversificada debido a su importancia tanto industrial como agropecuaria, aquella conservaba una cuota de poder considerable en razón de su posición estratégica como proveedora de alimentos y de divisas. "[...] la necesidad de sostener una demanda solvente para los bienes industriales, así como de proveer los recursos necesarios para el desarrollo industrial, requería una transferencia de parte significativa del excedente agropecuario hacia los sectores urbanos. A su vez, las divisas necesarias para la importación de insumos industriales procedían principalmente de las exportaciones agropecuarias, lo que obligaba a ceder en las pretensiones de rentabilidad del sector, mediante políticas de devaluación y de contracción de la demanda interna" (Gallo, M., op. cit., p. 2). Esta contradicción estableció en los precios relativos de los productos industriales y agropecuarios, un movimiento pendular -ciclos de stop-go[36]-. La estructura del

---

[36] "[...] el comienzo de los ciclos de expansión o "go" está intrínsecamente relacionado con el aumento de la producción industrial, la cual trae aparejada un aumento de los salarios y consecuentemente, un aumento del consumo. Dada la particularidad "superposición exportables - alimentos - bienes salario", un aumento del consumo

modelo de sustitución de importaciones determinó una configuración social en la cual los asalariados, aliados con la pequeña burguesía urbana nacional, tenían la capacidad de ejercer presión por la recomposición de sus ingresos, por medio de la manipulación de los precios relativos en perjuicio del agro. Empero, dicha presión se topaba con un límite derivado de la restricción de divisas, que concedía un importante poder de veto a la oligarquía

---

implica una disminución de los saldos exportables, que se traduce en una disminución de las exportaciones. Por otro lado, la dependencia de maquinarias extranjeras para el desarrollo industrial trae aparejada un aumento significativo en las importaciones. Luego de un tiempo, el saldo de importaciones supera al de exportaciones y se produce una crisis en la balanza comercial que genera déficit, y consecuentemente aumento en la deuda externa e inflación. Ante las presiones de la "alianza ofensiva" el gobierno se ve obligado a aplicar controles en los tipos de cambio y en los precios internos, dando comienzo al periodo de "stop". Para superar la crisis de la balanza de pagos existen dos vías, aumentar las exportaciones y disminuir los salarios. Con ese fin, se procede a la devaluación de la moneda nacional que implica tanto un aumento de los precios internos como una disminución del salario real de los trabajadores ,todo lo cual se traduce, asimismo, en una disminución del consumo y de esta forma se logra el objetivo de aumentar los saldos exportables. Al mismo tiempo, la caída del consumo afecta también a la producción industrial local, la cual disminuye generando un aumento en la tasa de desempleo. Todo lo anteriormente expuesto, conlleva a un aumento del descontento en los sectores castigados que, apoyados por la pequeña burguesía urbana, integrarán la "alianza defensiva" y presionarán a fin de obtener la reactivación económica, reanudando nuevamente el ciclo de expansión o go" (Amíl, M., 2008, p. 4).

agropecuaria, permitiéndole pugnar por un cambio en los precios relativos a su favor. Por su parte, la industria oligopólica, se hallaba estructuralmente posicionada para conseguir beneficios en ambas coyunturas, lo que determinaba un escenario de "empate hegemónico", en el que los diferentes sectores poseían el poder necesario para evitar un avasallamiento de sus intereses, pero sin alcanzar subordinar de forma concluyente a ninguno de los otros sectores. "Es esta situación de "empate" la que los militares se propusieron quebrar mediante la subordinación definitiva de los sectores populares" (Ibídem, pp. 2-3).

A su vez, el temor de la oligarquía pampeana a que la fracción que la conducía, la oligarquía diversificada, deba subordinarse al planteo industrializador de la burguesía nacional, la llevó a cohesionar a las fracciones dominantes trazando una salida del modelo industrializador por medio del control del aparato Estatal.

De esta forma, a partir del la penetración del régimen dictatorial, la ordenación de un nuevo bloque social dominante estableció un proceso distinto en términos estructurales fundado en la centralización del capital, en el cual los grupos económicos locales representados por la reorganización de la oligarquía diversificada, fortalecieron su posición en detrimento del capital extranjero y la burguesía nacional (cfr. Basualdo, E., op. cit., p. 140), extendiendo su poderío económico y el control que ejercían sobre un amplio espectro de de mercados (tales los casos de Acíndar, Agea/Clarín, Alpargatas, Arcor, Astra, Bagó, Bemberg, Bridas, Bunge y Born, Celulosa Argentina, Fate/Aluar, Fortabat, Garovaglio y Zorraquín, Ledesma, Macri, Pérez Companc, Roggio, Soldati, Techint y Werthein) (cfr. Schorr, M., 2006, pp. 19-20).

Asimismo, estos grandes capitalistas consiguieron atribuirse una amplia capacidad para condicionar la trayectoria de la economía nacional, no sólo por ser propietarios de gran cantidad de las principales empresas industriales, sino que también, por controlar los conglomerados de firmas que se desdoblaban en distintos sectores de la actividad económica (Ibídem, p. 16), que también incluyó el suministro de bines y servicios al sector público a partir de que algunas de estas actividades -como por ejemplo la provisión de equipos de telefonía para la empresa ENTEL o de servicios petroleros para YPF, entre otras- pasaron a manos privadas y desarrolladas por parte de un núcleo de grandes empresas proveedoras del Estado[37] -privatización periférica- (cfr. Kulfas, M., 2001, p. 12).

Por otra parte, las medidas subsidiarias para la promoción industrial y regional adoptadas por la dictadura militar, que en la generalidad de los casos se destinaron a los grupos económicos locales, promoviendo el proceso de concentración económica y centralización del capital en distintas ramas productoras de bines de uso intermedio (celulosa y papel,

---

[37] "[...] los "negocios privados" avalados por el Estado de las empresas pertenecientes a los principales grupos económicos adquirieron "un notable impulso durante la última dictadura debido a la conjunción de tres factores complementarios: a) el aumento de la inversión pública con obras de infraestructura y la concesión de obras por el sistema de peaje que generaron numerosas demandas sobre las grandes empresas constructoras (Sade, Techint, Impresit, Benito Roggio) y las más importantes cementeras del país (Loma Negra, Corcemar, Minetti); b) la puesta en marcha de la política de privatización periférica, especialmente en el sector petrolero, que abrió nuevas posibilidades para realizar negocios rentables para algunas empresas privadas de capital nacional (Pérez Companc, Astra y Bridas), y en el telefónico (Standard Electric, Siemmens, Equitel, Pecom-Nec); c) la fuerte promoción industrial para ciertos sectores considerados estratégicos para el complejo militar-estatal, tales como la siderurgia, el cemento, la petroquímica y el papel, proceso que benefició a numerosas empresas industriales de capital nacional y a unas pocas extranjeras (Celulosa, Acíndar, Bridas, Pérez Companc, Corcemar, Atanor, Indupa, Electroclor). Dentro de este último factor debe incluirse, además, la puesta en marcha de emprendimientos mixtos (estatal/privado) fuertemente promocionados por el Estado, como por ejemplo, el Polo Petroquímico Bahía Blanca" (Castellani, A., 2004, ctd. en Schorr, M., 2006, p. 15).

cemento, petroquímica y siderurgia), produjeron, en palabras de Basualdo, "una doble fractura en la clase trabajadora industrial".

Por un lado, surgió un nuevo estrato de trabajadores industriales que estuvo constituido por los nuevos operarios de las plantas manufactureras radicadas en las regiones promocionadas. Los mismos tenían un escaso grado de sindicalización y percibían, para igual calificación, salarios más reducidos que los trabajadores de los centros industriales tradicionales. Por otra parte, como en buena medida las nuevas plantas industriales resultaron del traslado de los establecimientos que estaban radicados en las zonas tradicionales (Gran Bs. As., Rosario o Córdoba), estas políticas tendieron a consolidar el proceso de desocupación y marginalidad social en los lugares de origen porque, si bien se trasladaron las plantas industriales, no ocurrió lo mismo con los trabajadores que hasta ese momento estaban ocupados por las mismas. Por lo tanto, de ese proceso emergió otro estrato dentro de la clase trabajadora, que son los desocupados, que mantuvieron obvias diferencias con los anteriores, tanto como las que ambos -

desocupados y nuevo proletariado industrial- mantuvieron con los trabajadores industriales tradicionales (Basualdo, E., op. cit., pp. 135-136).

Además, dichos grupos pudieron obtener fracciones crecientes de mercado en diversas ramas manufactureras, generando el retroceso de amplias capas del empresariado, principalmente las de menor tamaño y poderío económico, las cuales se vieron obligadas a desarrollar acciones microeconómicas defensivas -quiebras, cierre de empresas, levantamientos de líneas de producción, cese de actividades en el ámbito fabril, repliegue hacia otros sectores económicos, entre otras- (cfr. Schorr, M., op. cit., p. 15).

A su vez, conjuntamente al cese de muchos de los establecimientos productivos, gran parte de de los que continuaron -como el caso del parque industrial de la provincia do Tiorra dcl Fuego- comenzaron a volcar sus actividades al armado de productos sobre la base de insumos y partes importadas, propiciando la desintegración de la producción local[38] (cfr. Basualdo, E., 2004, p. 8).

---

[38] El volumen físico de producción se contrajo vertiginosamente frente a la creciente penetración de sustitutos importados y la concomitante caída de la

A partir de dicho contexto, el sector manufacturero local se contrajo significativamente, se efectuó el cierre de más de 20 mil establecimientos fabriles, el producto bruto del sector cayó alrededor de un 20% entre 1976 y 1983, la ocupación disminuyó en manera pronunciada y se redujo el peso relativo de la actividad en el conjunto de la economía pasando del 28% del PBI al 22% (cfr. Schorr, M., op. cit., p. 7).

En el transcurso de dicho período, pierden terreno relativo las ramas metalmecánicas que habían liderado el proceso expansivo de las dos décadas anteriores y ganan participación varias industrias intensivas en recursos naturales como son la petroquímica, el cemento, la siderurgia, la pulpa y papel, el aluminio. En general, se trataban de plantas industriales nacidas con la ayuda de regímenes especiales de promoción que

---

demanda interna. "No son pocas las ramas industriales que en esos años operan a un escaso 10 a 20% de la capacidad instalada. Así, después de haber producido 26.000 tractores en 1976 la industria local sólo llega a fabricar 1.359 en 1981; en 1973 se alcanzaba la máxima producción histórica de máquinas-herramienta con 22.500 unidades, en tanto que en 1982 sólo se produjeron 2.516 máquinas. Estos ejemplos se repiten sistemáticamente a través del espectro industrial, en particular en el campo metal y electromecánico" (Katz, J., Kosakoff, B., op. cit., p. 65).

contaban con subsidio estatal y surgen en el contexto de una rápida expansión y diversificación de grupos empresarios de capital nacional entre los se encontraban Celulosa, Garovaglio y Zorraquín, Pérez Companc, Bridas, Astra, etc. Es decir, las ramas industriales que entonces advertían rápido crecimiento eran aquellas que operaban con commodities o cuasicommodities y donde el valor agregado doméstico disminuía y en la que adquirían mayor importancia el tipo y la calidad de los recursos naturales del país (cfr. Katz, J., Kosakoff, B., op. cit., pp. 62-63).

Durante los años comprendidos entre 1974 y 1983,

el volumen físico de la producción fabril se contrajo aproximadamente un 10%, declinación que fue particularmente acentuada en el período 1979-1981 (entre esos años acumuló una caída cercana al 18%); la cantidad de obreros ocupados en la industria se redujo en más de una tercera parte (tendencia que se verificó sistemáticamente entre 1976 y 1982 [...], mientras que las horas obrero trabajadas declinaron algo más de un 30%. Estos disímiles ritmos de contracción permiten dar cuenta del incremento registrado en la extensión media de la jornada laboral [...] la mano de obra experimentó un crecimiento significativo, tanto si se la refiere a los obreros ocupados (37,6%), como en función de las horas trabajadas (29,9%); se produjo una fuerte disminución en el poder adquisitivo de las retribuciones salariales percibidas por los obreros del sector (17,3%), así como en los costos medios salariales (18,6%); y de resultas del comportamiento diferencial que siguieron la productividad laboral y los salarios y los costos salariales reales, tuvo lugar una fenomenal transferencia de ingresos desde los asalariados hacia los capitalistas [...] una creciente apropiación del excedente por parte del sector empresarial a lo largo del decenio, en rigor a partir de 1976 [...] Así, más allá de su destino específico, puede concluirse que el capital industrial se apropió de la totalidad de los recursos generados por la mayor productividad de la mano de obra y también de la pérdida de ingresos de los asalariados del sector [...] Todo ello se conjugó con una feroz represión sobre el campo popular[39], la [...]

---

[39] "Según el informe de la Conadep, los porcentajes de víctimas de la represión que continúan desaparecidas o que fueron liberadas después de pasar por centros clandestinos de represión son: obreros 30,2%, estudiantes 21%, empleados 17,9%, profesionales 10,7%, docentes 5,7%, autónomos y varios 5%. Siguen amas de casa, conscriptos

eliminación de tradicionales instancias de representación de los trabajadores, la introducción de modificaciones regresivas en la Ley de Contrato de Trabajo, la supresión de las convenciones colectivas en materia salarial (Schorr, M., op. cit., pp. 9-10).

La reestructuración económica llevada a cabo durante los años transcurridos entre 1976-1983, zanjó sus diferencias sobre los sectores productivos que sostenían el funcionamiento del modelo de industrialización sustitutiva de importaciones, a partir de la apertura económica y financiera, lo cual, devino en la interrupción de dicho modelo y, por ende, en la retracción y reestructuración regresiva de la producción industrial, como también, en un progresivo nivel de endeudamiento externo, tanto privado como público.

La apertura económica -parafraseando a Gallo- se llevó adelante mediante la reducción de

---

y personal subalterno de fuerzas de seguridad, periodistas, actores, artistas y religiosos. Es decir, más de la mitad de los afectados por la represión eran trabajadores: entre obreros, empleados y docentes suman un 54%y casi un 30% entre estudiantes y profesionales. Incluso todo indica que el porcentaje de los desaparecidos obreros y provenientes de los sectores populares sea bastante superior debido a que no todos los casos fueron denunciados en su momento por el temor a represalias posteriores, como señala el mismo informe" (Castillo, C., 2006, p. 48).

impuestos aduaneros y el descenso progresivo en el tipo de cambio, teniendo por objeto la reducción del margen de protección excedente del que gozaban las empresas, establecido en su límite superior por el tipo de cambio y aranceles específicos para cada industria en particular, y en su límite inferior por los costos de producción. El achicamiento de los márgenes de protección, a su vez que se reducían los márgenes de rentabilidad, determinó que los precios y los salarios ya no sean negociados entre las empresas y las organizaciones sindicales mediante acuerdos corporativos y sin restricciones impuestas por la competencia. Bajo este nuevo esquema, salarios y precios pasaron a estar fijados por el mercado, el cual se presentaba como un instrumento disciplinador tanto de la clase trabajadora como de las fracciones de la burguesía nacional que se vieron destituidas de los privilegios que concedía el anterior sistema de protecciones (cfr. Gallo, M., op. cit., p. 4).

Concomitante a la apertura económica y comercial, y como una de las primeras medidas adoptadas por la dictadura en el marco de su programa antiinflacionario, se indujo a una enérgica reducción de los salarios reales a través de la congelación de los salarios nominales, la supresión de los controles de precios y el incremento en el tipo de cambio. Como derivado de ello, se produjo una marcada redistribución en contra de los asalariados, y se trazó los nuevos parámetros en torno a los cuales se dirimiría la puja por la distribución del excedente (Ibídem).

En los primeros años de la dictadura militar, la concentración del ingreso avanzó, exclusivamente, mediante un feroz derrumbe del salario real promedio teniendo por resultante una acentuada redistribución del ingreso desde los asalariados hacia los capitalistas, también proporcionada por el deterioro de las condiciones laborales y el aumento en la extensión y la intensidad de la jornada de trabajo (cfr. Basualdo, E., op. cit., p. 134; Schorr, M., op. cit., p. 19).

La liberalización del mercado de capitales se consumó principalmente por medio de la Ley de Reforma Financiera de 1977, mediante la cual se liberó la tasa de interés de la banca comercial y se eliminaron la mayoría de los créditos subsidiados para la producción, representando el endeudamiento bancario y extrabancario la primordial fuente de financiamiento, lo que confirió una ventaja categórica a los grupos económicos locales y los capitales transnacionales que poseían una inserción diversificada en actividades industriales y financieras, pudiendo acceder al crédito externo a tasas de interés diferenciales en una coyuntura en que las elevadas tasas de interés interna les facilitaba apropiarse de un gran volumen de excedente generado en el mercado interno. Así, a la vez que tales grupos se beneficiaban por la obtención de este excedente, lanzaban del centro del poder económico a otras facciones del capital que carecían del acceso privilegiado al endeudamiento externo, que, a su vez, se hallaban en crisis ante la competencia comercial externa (cfr. Gallo, M., op. cit., p. 4).

En suma, la inauguración de este nuevo proceso se consolida cuando la Reforma Financiera llevada adelante por la política económica de la dictadura militar en 1977 converge, por un lado, con la apertura del mercado de bienes y de capitales y, por otro, con el establecimiento de una tasa de cambio decreciente en el tiempo (la "tablita cambiaria" de Martínez de Hoz)[40] (cfr. Basualdo E., Kulfas, M., 2002, p. 70).

---

[40] La denominada "tablita cambiaria" hace referencia a la medida adoptada para fines de 1978 por el ministro de economía José Alfredo Martínez de Hoz, de un sistema de devaluación programada. Establece una devaluación gradual de tipo de cambio decreciente en el tiempo a partir de un cronograma de devaluaciones nominales periódicas que permitía saber la evolución del tipo de cambio.
El programa dispuesto desde fines del '78, tuvo como principal objetivo reducir la inflación optando por el atraso del tipo de cambio como principal instrumento, sustentado en la idea de que la inflación interna terminaría por adaptarse al ritmo de devaluación del tipo de cambio. Simultáneamente se proponía profundizar el proceso de apertura y liberación de los mercados locales, redujendo en forma significativa los aranceles sobre el comercio exterior y prácticamente eliminando las restricciones sobre el mercado cambiario. De este modo, con la economía abierta -según las autoridades de entonces- se pretendía que los precios de los bienes como los rendimientos de los activos financieros en el mercado interno se determinen por el comportamiento de los mercados intencionales, dadas las expectativas de devaluación. Para fijar tales expectativas, el gobierno introdujo las denominadas "pautas tarifarias y cambiarias" que consistían en la enunciación anticipada de tasas de devaluación, las cuales se fijaron por debajo de la inflación existente a fin de que la inflación local convergiera con la internacional. Tal convergencia entre la inflación interna y la internacional no existió, y los mercados activos financieros locales y externos se desestabilizaron. El peso argentino se revaluó enormemente y dio origen a la fuga de capitales (cfr. Frenkel, R., Fanelli, J. M., Somer, J., 1988, pp. 5-6).
Al ser el Estado el mayor demandante de fondos en el mercado financiero local, las tasas de interés no descendieron. Así, se establecieron las condiciones para que se desarrolle la valorización financiera por parte del capital concentrado interno" (Basualdo, E., 2000, p. 17).
"[...] el período 1976-1978 muestra al menos cuatro "momentos" diferenciados en los que se recurre sucesivamente a: 1) la liberación de precios y el congelamiento de salarios (abril de 1976-febrero de 1977); 2) la "tregua" de precios con el sector empresario (abril de

A partir de la plena vigencia del enfoque monetario del balance de pagos desde fines de 1978 y hasta 1981, la significativa importancia que adquiere en el marco de la política económica la lucha antiinflacionaria y la ausencia de incentivos para la asignación de recursos en la esfera productiva, determina que el mercado financiero se consolide como el eje central para la supervivencia empresarial más que el campo estrictamente productivo. El triunfo del programa dependía, por un lado, de la existencia de total movilidad internacional de activos financieros y, por otro lado, de que predominara entre la tasa de interés interna y

---

1977-julio de 1977); 3) la política monetaria activa en el marco de la liberación de precios y de la flexibilización de la política salarial (julio de 1977-abril de 1978); y finalmente, 4) la apreciación del tipo real de cambio con una política monetaria pasiva (abril-diciembre de 1978). A lo largo de todo este período 1976-1978 [...], se introduce un congelamiento de salarios a un nivel equivalente al 60% de lo alcanzado por estos en 1975; se reduce la tarifa media de importación desde el 93% al 52% a la par que se eliminan los cambios múltiples y las restricciones financieras a la importación; asimismo, se reducen las retenciones a la exportación y se lleva a un máximo de 25% los incentivos a la exportación no tradicional. El nivel de actividad económica comienza a recuperarse en los inicios de 1977, año que finaliza con un crecimiento del PBI del 5% [...] Sin embargo, el índice de precios -tanto a nivel de consumidores como de mercados mayoristas- giraba en torno al 150% anual y se había acelerado en el segundo semestre de 1977" (Katz, J., Kosakoff, B., op. cit., pp. 60-61).

la internacional un importante diferencial para incentivar la entrada de capital compensatorio. En esta coyuntura, las actividades productivas locales estaban afectadas tanto por la competencia externa, vía la sobrevaloración de la moneda local y las rebajas arancelarias, como por tasas de interés que eran muy superiores a los beneficios operativos, por lo que la rentabilidad se encontraba fuera del campo de la producción. Asimismo, el acceso diferencial al endeudamiento externo era determinante en la situación financiera de cada firma (cfr. Katz, J., Kosakoff, B., op. cit., pp. 34-35).

No obstante, la puesta en marcha de la valorización financiera asentada sobre el endeudamiento externo que llevaron a cabo los sectores dominantes a partir de las políticas económicas desplegadas por el gobierno dictatorial, se enmarcaron en un contexto internacional con abundancia de capitales (petrodólares), ya que el incremento del precio del petróleo a partir del '73 generó una amplia disponibilidad de dinero por parte de los principales sistemas financieros a razón de los saldos excedentes depositados en los bancos trasnacionales por parte de los países petroleros. Esto motivo la expansión de flujos de capital y, específicamente, el endeudamiento externo de los países dependientes que fueron incentivados por el sistema financiero internacional y organismos internacionales como el FMI y el BM, para introducirlos en los nuevos circuitos financieros.

A partir de dicho contexto internacional la apertura económica y financiera efectuada por la dictadura militar junto al incremento de la tasa de interés local, determinó la alineación hacia un modelo de valorización financiera que permitió al capital oligopólico local -constituido por los grupos económicos locales y los intereses extranjeros radicados en el país- contraer deuda externa a una tasa de interés reducida para luego colocar sus activos en el sistema financiero interno a una tasa de interés elevada, permitiéndoles obtener una realzada renta financiera debido al diferencial positivo entre la tasa de interés interna e internacional, para luego fugarlas al exterior[41] (cfr. Fraschina,

---

[41] "La especulación financiera pasó a ser un factor fundamental: se traían del exterior dólares que se convertían en pesos a un cambio sobrevaluado, se colocaba esos pesos a altas tasas de interés y cuando se pensaba que el dólar iba a subir, se volvía a cambiar pesos por dólares y se los fugaba al exterior" (Rapoport, M., op. cit., p. 9).
Entre los años 1979 y 1981, por cada u$s 100 que ingresaban al país vía endeudamiento externo se

J., op. cit., p.13; Basualdo, E., *La reestructuración...* op. cit., pp. 130-131). De esta manera, la fuga de capitales al exterior estuvo íntimamente relacionada al endeudamiento externo, en tanto que dicho endeudamiento ya no determinaba, en lo esencial, una forma de financiamiento de la inversión o del capital de trabajo, sino que transmutó en un instrumento para obtener renta financiera dado que la tasa de interés interna era sistemáticamente superior al costo del endeudamiento externo en el mercado internacional (cfr. Basualdo, E., *La reestructuración...* op. cit., p. 131).

El brutal aumento de la deuda, que tiene su auge principalmente a partir de 1979, se origina -siguiendo a Frenkel- en una política que se encaminó resueltamente hacia el subsidio del endeudamiento externo al sector privado a través de un mecanismo por el cual el gobierno aseguraba al tomador de crédito el tipo de cambio futuro -seguro de cambio- y se potencia con la obstinación de conservar políticas antiinflacionaria que sustentaron el

---

transfirieron u$s 90 nuevamente al exterior. El monto de esta fuga de capitales triplicó el de los intereses pagados a los acreedores externos durante esos años (cfr. Basualdo, E., Nahón, C., Nochetff, H., 2005, p. 13).

endeudamiento externo, introduciendo un enfoque monetario que se orientó a sostener la tasa local por encima de la internacional (cfr. Frenkel, R., Fanelli, J. M., Somer, J., op. cit., p. 10)

No obstante, el estancamiento de la actividad económica y el incremento del déficit fiscal -debido al aumento de los egresos del gobierno nacional y el estancamiento de sus ingresos reales- derivado de las políticas cambiarias y arancelarias implementadas, y el aumento de expectativas de devaluación fundadas en el evidente retraso de paridad, confluyeron para debilitar al sistema financiero.

Durante 1980[42] se produce la crisis del sistema financiero "libre" y el sector privado comienza a sustituir activos locales por activos externos. El sector público, por su parte, con el propósito de mantener las "pautas cambiarias", buscó

---

[42] La crisis del sistema financiero de 1980, implicó la desaparición de 27 entidades financieras en ese año. La eclosión se efectúa a partir de la liquidación del Banco de Intercambio Regional (BIR) -el primer banco privado por volumen de depósitos, representando el 4,02% del total del sistema bancario nacional, sólo superado por el Banco de la Nación Argentina y el Banco de la Provincia de Bs. As- dispuesta por el Banco Central el 28 de marzo de 1980, desatando una grave corrida bancaria que arrastró a numerosos bancos y puso en evidencia el descontrol imperante en el sistema (cfr. Quintela, R., 2005, pp. 150-151-155).

compensar la fuga de capitales privados endeudándose a un ritmo mayor, lo que determinó la introducción de una primer forma de "estatizar" la deuda privada: "el Estado se endeudaba para conseguir divisas que vendía al sector privado a un tipo de cambio "atrasado" para que este cancelara sus pasivos externos a un precio de subsidio" (cfr. Frenkel, R., et al, p.12).

Asimismo, a principios de los '80 la determinación de la Reserva Federal de EE.UU., frente al incremento de su déficit fiscal, de elevar las tasas de interés deslizándose del 6% al 14 % (Rapoport, M., op.cit., p. 9), constituyó un factor determinante para el abandono de la política de retraso cambiario a partir de 1981.

Con la economía en recesión, empresas endeudadas en moneda extranjera y procesos devaluatorios, se implementó un sistema de seguros de cambio para evitar la fuga masiva de capitales y reducir las pérdidas financieras de las empresas ante una coyuntura de caída de ventas y altas tasa de intereses locales. De modo que el Estado se hizo cargo de la mayor parte de la deuda contraída por el sector privado mediante un monumental subsidio para la alineación del capital (cfr. Chudnovsky, D., López, A., Porta, F., 1992, p. 9).

De esta manera, se introduce una segunda forma de estatizar la deuda que se instrumentó durante 1981 y 1982 a través del uso de contratos de seguros de cambio y swaps -operaciones monetarias- que garantizaban al tomador de seguro un dólar futuro muy por debajo del valor de mercado (cfr. Frenkel, R., et al, op. cit., pp. 12-13).

Durante estos años se ejecutaron numerosas medidas de seguros de cambio y subsidios. Finalmente en agosto de 1982[43], el Banco Central procedió a estatizar la deuda privada, con lo cual se traspasó la carga de

---

[43] "La "solución" fue aportada por el entonces Presidente del Banco Central, Domingo Cavallo, quien resolvió la implementación de un seguro de cambio para permitir a los deudores privados locales el repago de su deuda con el exterior. Si bien dicho seguro incluía una tasa de interés, la inflación y las posteriores devaluaciones la fueron licuando y se produjo, en los hechos, la estatización de la deuda externa privada" (Kulfas, M., Schorr, M., 2003, p. 13). No obstante, reconstituido el orden constitucional "[...] durante el gobierno de Alfonsín se avanzó y se terminó de cerrar el proceso de estatización de la deuda externa privada" (cfr. Schorr, M., op. cit., p. 39).
La licuación de la deuda externa privada que se implementó a través de los regímenes de seguro de cambio que se instrumentaron desde comienzos de 1981 bajo la dictadura militar, continuaron aplicándose durante el posterior gobierno constitucional (cfr. Basualdo, E., et al, op. cit., p.14).

vencimientos al sector público, alcanzando el incremento de la deuda externa total durante el período 1976-1983, un 460% (cfr. Marongiu, F., 2007, p. 13), pasando de u$s 8 mil millones en 1975 a 45 mil millones en 1983 (cfr. Rapoport, M., op. cit., p. 9).

En suma, el proyecto económico implantado por la dictadura militar asentado sobre la valorización financiera sostuvo el claro objetivo de quebrar el modelo de industrialización sustitutiva de importaciones y, a partir de ello, subordinar a la clase trabajadora con el objeto de que ya no constituya un bloque social alternativo que enfrente a los sectores dominantes para definir la conducción del Estado y el destino del excedente, el cual, quedó concentrado en las arcas de estos sectores a partir de la profundización del predominio del capital sobre el trabajo que se estableció durante dicho período.

Sin embargo, restituida la democracia con el gobierno del Dr. Raúl Alfonsín (1983-1989), los trabajadores y los sectores del empresariado de menor envergadura continuaron siendo los más damnificados, en un contexto de aceleración del proceso de desindustrialización y de creciente repliegue del aparato fabril hacia el procesamiento de recursos básicos, con lo cual "se afianzaron en sus aspectos más relevantes la revancha clasista y el disciplinamiento social puestos en marcha a mediados de la década de los setenta", en el marco de un funcionamiento estatal que si bien en su curso inicial trató de revertir las herencias del proceso militar terminó gradualmente subordinado al nuevo poder económico local[44] (cfr. Schorr, M., op. cit., pp. 45-46).

No obstante, la crisis hiperinflacionaria[45] desencadenada en la última etapa del gobierno

---

[44] "[...] para 1985 se cierra el intento (83/85) de aplicar propuestas de Política Económica de corte "keynesiano-desarrollista" y, con matices, se retoman los mecanismos de transformación regresiva de la estructura económico-social que había iniciado la Dictadura Militar (76/83) en la tríada expresada por la apertura de la economía, la subsidiariedad del Estado y la desregulación de los mercados" (Gambina, J., op. cit., p. 188).

[45] La tasa de inflación para 1988 orilló el 400% anual y en 1989 se llegó a una situación hiperinflacionaria en el que la tasa de inflación anualizada alcanzó un valor récord de aproximadamente 5.000%. El detonante de la situación hiperinflacionario fue la formación de una disparada del dólar en el mercado de cambio libre y una corrida en el mercado controlado. Al poco tiempo, la "burbuja" cambiaria arrastró los precios, que para abril de ese año incrementaron en 33%. El proceso hiperinflacionario continuó en mayo (con una inflación de casi 80%) y superó el 100% en junio. La indexación respecto de la cotización de la divisa se generalizó, los salarios reales cayeron abruptamente, las firmas acumularon inventarios y

de Alfonsín fue la expresión de la crisis económica y política que encubría la puja distributiva y de poder entre los grupos económicos locales y los acreedores externos (cfr. Gambina, J., 2001, p. 189).

La declaración a fines de 1988 de la imposibilidad de seguir cumpliendo con el pago de los intereses de la deuda externa, se transformó en la excusa empleada por los acreedores externos, mayoritariamente bancos transnacionales en ese entonces, representados por el FMI, para ganar posición en la orientación de la política económica[46] y

---

se extinguió el crédito (cfr. Chudnovsky, et al., op. cit., pp. 14-20).

[46] En la asamblea anual del FMI de octubre de 1985 se lanzó el denominado Plan Baker, mediante el cual los acreedores externos sumaron una nueva problemática en la negociación de la deuda externa que llevaron a cabo durante esos años con los países latinoamericanos. Con el objetivo de obtener el capital adeudado por los países de la región y ante la carencia de divisas de los deudores externos para saldar la totalidad de los servicios devengados por tal endeudamiento, los acreedores externos plantearon a sus deudores la necesidad de hacerlo con activos y, específicamente, con las empresas públicas que constituyen los activos más relevantes de los estados latinoamericanos tanto por el valor patrimonial como por sus potencialidades de rentabilidad. No obstante, después de casi cinco años de lanzado el Plan Baker los bancos acreedores no sólo no lograban avanzar en la privatización de las empresas estatales para apropiarse del capital adeudado sino que, además, no percibían los intereses y tampoco las amortizaciones de capital (cfr. Basualdo, E.,

los beneficios que de ella se derivan, ya que hasta entonces el privilegio era detentado por los grupos económicos locales más que por las corporaciones transnacionales, incluidos los bancos. De modo que, "lo que estaba en juego era la apropiación de la renta entre los propios sectores del poder económico, y tanto los acreedores como las diferentes expresiones del capital transnacional colocado en la Argentina no estaban dispuestos a resignarlo en función de una alianza política entre el gobierno Alfonsín y los "capitanes de la industria" local" (Gambina, J., et al, op. cit., p. 102).

El desenlace se anunció con el Golpe de Mercado en febrero de 1989 consumado por una maniobra cambiaria impulsada por la banca extranjera con sede en el país, que concluyó con la entrega del gobierno seis meses anticipada al presidente electo Dr. Carlos Menem (cfr. Gambina, J., op. cit., p. 189).

Con la llegada de Menem al gobierno, se reafirma el proceso de desindustrialización e implementación del modelo rentístico-

---

La reestructuración de la economía... op. cit., pp. 151-152).

financiero inaugurado por la última dictadura militar. La década del '90 representó la coronación de las políticas económicas neoliberales destinadas a promover la profundización de la apertura de la economía y desregularización de sector financiero, la flexibilización laboral, la desvalorización del trabajo y la concentración de la distribución del excedente en manos de los sectores dominantes, deslizadas en un proceso de desregulación y reforma del Estado que promovió, además, la venta de los activos más relevantes del patrimonio público, mediante un proceso de profundo replanteo de la estructura del Estado que se halló en consonancia con los postulados derivados del Consenso de Washington y las demandas de las diferentes fracciones de los sectores dominantes.

Las crisis hiperinflacionarias de 1989 y 1990 constituyen un momento clave en el proceso abierto por la dictadura militar porque en esos años, a través de la quiebra del Estado que garantiza ese funcionamiento económico y social específico, se pone de manifiesto los límites que enfrenta la valorización financiera. Estructuralmente, el colapso estatal se genera por la imposibilidad de mantener las notables y crecientes transferencias hacia los sectores dominantes cuando sus ingresos están vinculados, principalmente, a una masa salarial decreciente. En otras palabras, no puede seguir pagando los intereses de la deuda externa y subsidiando los programas de capitalización de la deuda externa y, al mismo tiempo, continuar con los subsidios implícitos de los regímenes de promoción industrial, mantener los sobreprecios a los proveedores estatales y enfrentar los intereses de la deuda interna. Sin embargo, cuando las fracciones dominantes logran conciliar sus intereses, esgrimen la caracterización que la crisis de esos años expresa el colapso definitivo del Estado generado por el proceso de sustitución de importaciones y, específicamente, de la variante "distribucionista" del mismo. Al excluir la vigencia de la valorización financiera como un nuevo patrón de acumulación de capital y de un nuevo tipo de Estado que lo hace posible, los sectores dominantes instalan socialmente que este colapso es una versión ampliada de las típicas crisis de la industrialización sustitutiva a raíz de la pugna distributiva entre el capital y el trabajo, que en este caso, por su nivel de exacerbación, termina por arrasar la organización y las finanzas del sector público. Se trata entonces de redefinir el "excesivo intervencionismo estatal" que trae aparejado una "inmensa ineficiencia en el sistema económico" mediante la privatización de empresas estatales y la desregulación de la economía, dentro de la cual la desestructuración del mercado de trabajo tiene un papel central (Basualdo, E., 2003, p. 43).

3.2. REESTRUCTURACIÓN LABORAL Y VALORIZACIÓN DEL CAPITAL EN LOS AÑOS NOVENTA

Durante la década del '90 en Argentina, como en la mayoría de los países de la región, se emprendió una transformación político-económica que derivó en un proceso de implementación de reformas estructurales inspiradas en el apologético discurso de mercado patrocinado por el Consenso de Washington, el cual, apuntaba sobre las políticas de intervención estatal señalándolas como las culpables de obstaculizar el crecimiento económico debido a su transgresión sobre las leyes de mercado.

El gobierno de Menem asentado sobre dicho discurso, logró dirimir las contradicciones entre los intereses del capital concentrado de los grupos económicos locales y los acreedores externos, mediante la ejecución de una programa de reformas destinadas a la liberalización financiera y comercial, la desregulación de una extensa serie de actividades económicas y la privatización de empresas públicas, que confluyen en 1991 con el Plan de convertibilidad efectuado por el nuevo ministro de economía Domingo Cavallo y el ingreso al Plan Brady en 1992.

Básicamente, haciendo un breve racconto sobre estos hechos, con la Ley de Emergencia Económica (1989) se eliminaron las exenciones impositivas de los regímenes de promoción industrial, regional y de exportaciones, y las distinciones que beneficiaban a las manufacturas nacionales en las compras estatales, implantando un tratamiento igualitario para el capital local y el extranjero en materia de inversiones en actividades productivas. La desaparición del sistema de permisos de importación mediante la liberación comercial -apertura importadora- se complementó con la liberación de las restricciones a los movimientos de capitales nacionales y extranjeros, y con la facilitación de la remisión de utilidades al exterior (cfr. Gambina, J., op. cit., pp. 194-195).

La puesta en marcha del programa integral de privatizaciones que se aplicó a través de la Ley de Reforma del Estado (1989), declaró sujeta a privatización casi la totalidad de las empresas estatales, teniendo por resultante el traspaso de una monumental parte de los activos del sector público[47] -que aseguraban una elevada rentabilidad y el carácter monopólico de la actividad- en condiciones de ausencia de mecanismos de control y regulación previamente establecidos. Los fondos derivados de las privatizaciones tuvieron por objeto la cancelación de parte de la deuda externa y recuperar la confianza de los acreedores externos, para lo cual se habilitó el pago de parte del paquete accionario de algunas empresas estatales con títulos de la deuda externa argentina "rescatados" por el sector privado (proceso de canje de activos

---

[47] Entre las privatizaciones más significativas de tal proceso se destacan las empresas de telecomunicaciones, ENTEL (1990), de aeronavegación, Aerolíneas Argentinas (1990), Gas del Estado (1992), la eléctrica SEGBA (1992), la siderúrgica SOMISA (1992), algunos activos de YPF y la concesión de áreas para exploración y explotación de hidrocarburos (1990-1992) y la transferencia de YPF mediante la colocación de acciones en la Bolsa de valores (1993) (cfr. Kulfas, M., op. cit., p. 16).

físicos por títulos de la deuda externa). A parte de la venta de los activos públicos, el ingreso al Plan Brady -renegociación de la deuda de los bancos privados a cambio de los valores públicos de los países deudores-, significó un acuerdo con los acreedores externos para hacer frente a la carga de la deuda. Así, se efectuó el canje de los anteriores préstamos concedidos por bancos privados por la emisión de nuevos bonos Brady[48] -para lo cual se

---

[48] "El canje incluyó deudas por un total de 21.000 millones de dólares, a los cuales se adicionaron poco más de 8.300 millones de dólares en concepto de intereses impagos. Se instrumentó a través de la emisión de tres nuevos bonos. Por un lado, el Bono con Descuento (*Discount Bond*) tenía una quita del 35% y una tasa flotante (LIBO+0,8125%). Por otro lado, se podía optar por un Bono a la Par (*Par Bond*), que no tenía descuento pero pagaba una tasa de interés fija y más baja, la cual era creciente en el tiempo (entre 4% y 6% anual). Los acreedores optaron fundamentalmente por el *Par Bond* (12.700 millones de dólares se canjearon por ese título), mientras que se suscribieron 4.300 millones de dólares en bonos con descuento (con la quita del 35%, equivalente a unos 2.300 millones de dólares). Finalmente, para los intereses atrasados se utilizó un tercer título denominado Bono a Tasa Flotante (*Floating Rate Bond* -FRB-), a 12 años, con 3 de gracia y a una tasa LIBO+0,8125%. La emisión de FRB alcanzó los 8.652 millones de dólares. Asimismo, el plan incluyó el financiamiento para la adquisición de un bono de la reserva federal estadounidense denominado de "cupón cero", el cual maduraría en paralelo a los bonos Brady. Esta "colateralización" de la deuda implicaba un reaseguro para el pago, por cuanto el valor del bono de la reserva federal sería, al momento del vencimiento de los títulos Brady, idéntico a los de estos últimos. En otras palabras, se estaba generando un mecanismo de pago en buena medida

otorgaron quitas en el capital y reducciones en las tasas de interés-, garantizados por el tesoro de EE.UU. como incentivo para los potenciales compradores.

Por otra parte, cabe mencionar que también se llevó a cabo un proceso de descentralización de la infraestructura social del Estado Nacional, que trasladó responsabilidades de gestión a los gobiernos provinciales. Asimismo, a partir de 1993 los Estados provinciales se sumaron a la ola privatizadora adjudicando sus propias empresas regionales de servicios públicos.

La relación de paridad entre el peso y el dólar que se fija con la Ley de Convertibilidad[49],

garantizado, hecho que incrementaba el valor de los bonos Brady en el mercado secundario" (Kulfas, M., Schorr, M., 2003, pp. 20-21).

"Para Argentina el Brady no significó la reducción de la deuda, pues exigua parte de la deuda se renegoció con descuento (discount bonds por u$s 4.150 millones). Una parte se renegoció a la par (par bonds por u$s 12.700 millones), mientras que los intereses vencidos, acumulados y capitalizados a altas tasas de interés, se emitieron en un bono con tasa flotante (FRB u$s 8.650 millones). Esta capitalización de intereses vencidos y punitorios absorbió el beneficio del descuento realizado, con lo cual el monto total de la deuda prácticamente no varió con el Plan Brady, aunque sí aumentó su condicionalidad" (Gambina, J., op. cit., p. 197).

[49] La Ley de Convertibilidad introducida en abril de 1991, determina un régimen cambiario y monetario el cual obliga al Banco Central a comprar y vender dólares sin restricciones a una tasa de cambio de un peso por un dólar,

controló la inflación y generó confianza en la moneda nacional, logró la estabilización de los precios y dio lugar a un proceso de reactivación económica durante su primera etapa (1991-1994), generando a partir de tales evidencias una amplia credibilidad en el régimen convertible, el cual se sustentó del incremento de capitales extranjeros obtenidos tras el retorno de confiabilidad en Argentina como destino de inversiones a partir de la negociación del Plan Brady, lo que posibilitó un significativo respaldo de divisas para su funcionamiento.

Es decir que la Ley de Convertibilidad no implicó meramente el establecimiento de un régimen de tipo de cambio fijo, sino la creación de un esquema de "caja de conversión" en el cual la trayectoria de la base monetaria se hallaba sujeta (y supuestamente "respaldada") por la evolución del stock de reservas internacionales, las cuales oscilaban al ritmo del saldo del balance de pagos, ligando el

---

asumiendo el compromiso de no emisión de base monetaria más allá de una cierta proporción de las reservas internacionales, cercano a la relación de 1 dólar en las reservas contra el equivalente a 1 dólar de base monetaria (el monto de los pasivos financieros del Banco Central no puede exceder el de las reservas) (cfr. Calcagno, E., 2001a, p. 23)

destino de la economía argentina a su capacidad de acumular reservas en las arcas del Banco Central (BCRA) a un ritmo al menos igual al de la base monetaria necesaria para acompañar el ciclo económico. La implementación del tipo de cambio como ancla nominal para facilitar la estabilización de los precios internos implicó el establecimiento de una moneda significativamente sobrevaluada en relación con el dólar estadounidense (cfr. Basualdo, E., Nahón, C., 2004, p. 19).

La conjunción de estos acontecimientos devino en un crecimiento económico que impulsó un ciclo expansivo de consumo interno de amplios sectores sociales a partir de la favorable recomposición que asumieron sus ingresos. Tal situación que se materializa a partir de la implementación del régimen de convertibilidad, posibilitó una forma de legitimación sobre las trasformaciones institucionales que se llevaron a cabo a través del programa de reforma del Estado, demandadas por las distintas fracciones de los sectores dominantes.

Debido a que el esquema monetario-cambiario que se adoptó por entonces se articuló con un "shock institucional" neoliberal (o sea, con un plan orientado al cambio drástico y casi instantáneo de todas las instituciones económica y sociales), es necesario separar analíticamente el esquema monetario-cambiario de la estabilización del resto de las políticas que conformaron el "shock institucional neoliberal". Ello se debe a que, desde el punto de vista estrictamente técnico, se podría haber aplicado el mismo esquema de estabilización y recuperación de la moneda como unidad de cuenta sin realizar las demás trasformaciones en forma de "shock" y con los sesgos que las caracterizaron, las cuales constituyeron la satisfacción de las demandas de las distintas fracciones del bloque hegemónico. La asimilación del esquema monetario-cambiario con el resto de las transformaciones" bajo el término engañoso de "Plan de Convertibilidad" fue sobre todo una forma de legitimación -una suerte de "Caballo de Troya- de las transformaciones que correspondían a esas demandas (Nochteff, H., 1999, p. 24).

No obstante, si bien se evidenció una reactivación económica durante esta primera etapa, además de un incremento del PBI y la productividad de la economía, concomitantemente a estos hechos, se comienza a observar un aumento de los niveles de desempleo, subempleo, trabajo informal y mayor terciarización del trabajo, entre otras cuestiones. Es decir que, progresivamente se consolidó un continuo deterioro del mercado de trabajo que ajustó la oferta de mano de obra con subocupación, desocupación, no-registración del empleo y caída del ingreso.

El proceso de reformas estructurales estuvo esencialmente orientado a reconstituir la hegemonía del capital en el proceso de producción y reproducción, de manera que, el crecimiento económico si se producía, sería una derivación circunstancial de la nueva etapa de valorización de capital y no su objetivo real. Por otra lado, por las propias características y objetivos del proceso de reformas, su éxito en relación a los propósitos del capital suponía primordialmente la reimposición del disciplinamiento social, lo que demandaba tanto el control do los procesos directos de trabajo, y por ende de los trabajadores en actividad, como de los apartados de la actividad laboral. De esta forma, al restablecerse la acumulación de capital y el crecimiento económico, era factible que las condiciones materiales de vida de la mayoría de la población resulte perjudicada, ya que era condición necesaria el debilitamiento del poder de los trabajadores en el proceso de producción a escala social y el consiguiente deterioro en sus condiciones de vida (cfr. Féliz, M., 2005, pp. 291-292).

En la primer parte de la década del noventa el mercado laboral se redujo con la expulsión del empleo no calificado. A partir de 1994, se observa un salto en la desocupación abierta, que llega al 18 % en 1995. El subempleo se mantiene en niveles elevados y en la segunda mitad de los noventa aumenta el empleo precario e intermitente. El cuentapropismo continúa en niveles elevados y aumenta el empleo en negro o no registrado. El empleo estable y registrado tiende a disminuir en forma constante y a mantenerse en niveles muy bajos respecto a la población total (Zeller, N., 2001, p. 17).

Al mismo tiempo se verificó un crecimiento del promedio de horas trabajadas, que para el año 1998 según el Ministerio de Trabajo, el promedio de jornada laboral registrado era 10,30 hs., con la resultante paradoja de que junto a la falta de empleo existía sobretrabajo (cfr. Gambina, J., op. cit., p. 205).

Bajo el proceso de reforma del Estado, la era privatizadora de activos públicos trajo consigo un estrategia de "racionalización" del personal, impulsada primero por el mismo Estado mediante "retiros voluntarios", jubilaciones anticipadas y otros mecanismos de expulsión de mano de obra (en su mayoría financiados por los organismos multilaterales de crédito, con el consiguiente incremento de la deuda externa pública), que procuró reducir el costo laboral -abaratarlo- para quienes resultaran adjudicatarios, las cuales, posteriormente, continuarían con la expulsión de mano de obra directa, la implementación de una creciente intensificación de la jornada de trabajo y la terciarización de determinadas actividades, con el objeto de minimizar los costos y riesgos empresarios (cfr. Azpiazu, D., 2002, p. 70). Todo en un contexto en que el mercado de trabajo redujo la absorción de nueva mano de obra con la consecuente ampliación de la desocupación

De manera que la acción conjunta del Estado y el capital, fueron fundamentales en la modificación del mercado de trabajo, y a través de la implementación de una serie de reformas institucionales se logró transformarlo en flexible, polivalente y precario, totalmente moldeable y funcional a las necesidades de compra y venta de fuerza de trabajo, y a la lógica de reproducción del capital.

Para dicho objetivo, entre las tantas leyes, normativas y decretos que se sancionaron en materia laboral durante los años '90, cabe mencionar que en 1990 el Ministerio de Trabajo dictó un decreto reglamentario que restringía el derecho constitucional de huelga, con objeto de atenuar las presiones de los trabajadores y los sindicatos afectados a razón del emprendido proceso privatizador de los servicios públicos, favoreciendo las medidas de reestructuración de sus nuevos propietarios. Asimismo, la introducción de la Ley de Empleo en 1991 estableció una serie de nuevas representaciones contractuales, como los contratos por tiempo determinado (desde seis meses hasta dos años) que facilitaban a las empresas contratar personal sin los costos de la indemnización por despido, y donde también se eximía parcialmente a los empleadores de efectuar aportes y contribuciones previsionales[50] y de obra social. En 1993 el

---

[50] En 1994 se instrumentó la privatización parcial del régimen previsional, lo cual, implicó la posibilidad restringida de optar por el sistema de reparto estatal o incorporarse al nuevo régimen gestionado por las Administradoras de Fondos de Jubilación y Pensión (AFJP). El masivo traspaso de los trabajadores activos al nuevo sistema de reparto privado, determinó que el Estado no sólo renuncie a la ordenación de un sistema de seguridad solidario, sino que, además, dejara de percibir una enorme cantidad de recursos.   Este

denominado Decreto de Desregulación dictado por el gobierno nacional, viabilizaba la modificación de regulaciones en diversas actividades, y abría la posibilidad por medio de una de sus disposiciones de entablar negociaciones colectivas en el ámbito de las empresas, lo cual afectaba la forma de negociación colectiva centralizada[51] al nivel

---

desfinanciamiento por parte del Estado, paradójicamente tuvo como corolario -entre otras cuestiones-, que sean aquellos sectores encargados de la nueva capitalización individual los que tendieron crecientemente a financiar al Estado frente a su endeudamiento interno.

Cabe señalar que las modificaciones que introdujo la incorporación de las AFJP, permitió la intervención de los sindicatos pero a condición de que rediseñaran la relación con sus afiliados: "varios sindicatos utilizaron el vínculo de representación para consolidar la venta de servicios como Administradora a sus propios representados, definidos ahora como sus clientes. En el mismo sentido, en varias empresas públicas privatizadas los sindicatos se postularon en las licitaciones para obtener las franquicias de explotación de los servicios, desplazando el vínculo de representación con sus afiliados hacia el de empleador de los mismos" (cfr. Palomino, H., op. cit., p. 164).

[51] El esquema de negociación colectiva centralizada fue erosionado debido a que las grandes empresas, ante el nuevo contexto de apertura externa de la economía, pactaron condiciones particulares en sus establecimientos con objeto de alinear sus precios con los internacionales en lugar de trasladar sus costos a los precios como en las condiciones de economía cerrada. En las empresas de servicios públicos privatizadas, que por las favorables condiciones de transferencia se situaron fuera de la competencia internacional, las condiciones particulares fueron negociadas en el momento de la adquisición, y sostenidas luego a favor del debilitamiento sindical (Ibídem, p. 163).

superior de la rama de actividad (cfr. Palomino, H., 2003, pp. 149-150).

Con la sanción de la Ley PyME (pequeñas y medianas empresas) en 1995, que comprendía a aquellas empresas que llegaban a un cupo de hasta 50 trabajadores e involucraba a la mayor parte de las empresas del país, se beneficia a este sector en cuanto al alcance de las normas de flexibilidad establecidas, dejando sujetos en esas condiciones a gran cantidad de trabajadores, ya que lograron imponer una serie de intereses sectoriales vinculados a la flexibilización laboral de sus empelados y a los pagos de los mismos (cfr. Zeller, N., op. cit., p. 52).

Estas nuevas relaciones laborales necesitaban operar sobre diversos niveles de descentralización, debido a su inscripción específica en la empresa como sistema productivo y en colectivos de trabajo diferenciados, lo cual, afectaba la noción de identidad y solidaridad de los trabajadores. En tal sentido la descentralización de la relaciones laborales no sólo fue funcional a las posibilidades de negociación de las empresas, sino que también promovió reivindicaciones diferenciales de los asalariados, sus identificaciones y referencias (cfr. Nóvick, M., 2000, p. 58).

Con respecto a la creación de empleo en el transcurso de los años '90, se observó que en aquellas actividades que presentaron cierto dinamismo (Comercio, Transporte y Servicios), una parte considerable de esos nuevos puestos se caracterizaron por presentar un elevado grado de precarización. Los casos más destacados fueron los de la prestación de servicios y de transporte, actividades en las que en 1999 los ocupados no perceptores de beneficio social alguno constituían cerca del 50% del total de trabajadores empleados en dichas ramas, a la vez que superaban -tanto en términos relativos como absolutos- a los que gozaban de la totalidad de los beneficios. En el caso del sector manufacturero, que durante el decenio pasado fue expulsor neto de mano de obra, la población ocupada en el mismo que no tuvo ningún beneficio creció más de un 19% entre 1991 y 1999. No obstante, en cada uno de los años de dicho período más del 60% de la mano de obra industrial percibió todos los beneficios sociales (cfr. Schorr, M., Santarcángelo, J., 2001, p. 10).

Para 1998,

el mercado de trabajo se caracterizaba por una alta composición de autónomos de baja capacidad de ingresos (3 millones), un enorme peso de los trabajadores no registrados o en negro, 3.664.000 trabajadores en el sector privado, de empleados domésticos (800 mil) y por un alto nivel de desocupados (1,8 millones) y de subempleados con niveles similares o superiores a la tasa de desocupación. En tanto los trabajadores registrados y aportantes efectivos representaban apenas un 40 % de la población económica activa con alrededor de 5 millones de trabajadores (Zeller, N., op. cit., p. 18).

Por otra parte, la política de apertura comercial -a diferencia de lo que sucedió con las empresas de servicios públicos que carecían de toda competencia- expuso a los bienes internos a la competencia importadora en desmedro de la industria manufacturera local, y, por ende, esta redujo su participación en el producto y el empleo.

La desintegración de la producción fabril local derivada de la creciente apertura asimétrica de la economía, la compra en el exterior de insumos y/o productos finales por parte de las empresas industriales, determinó el cierre de numerosas firmas, el desplazamiento hacia actividades vinculadas al armado y/o ensamblado de partes, o la venta directa de productos finales importados -a partir del aprovechamiento de canales de distribución y comercialización de algunas empresas-, a la vez que la desarticulación de numerosas cadenas de valor agregado y, a partir de ello, la destrucción de una parte considerable del tejido manufacturero local, particularmente en aquellas ramas en donde las pequeñas y medianas firmas tenían una presencia significativa (cfr. Azpiazu, D., Basualdo, E., Schorr, M., 2001, p. 7).

La industria manufacturera se transformó en un sector que, en términos generales, perdió su capacidad como motor de la economía y como generador de empleo. En términos particulares, algunos segmentos se beneficiaron y generaron una dinámica diferente: a nivel sectorial fue el caso de los commodities de alimentos y la industria automotriz (con un elevado grado de aprovisionamiento externo), y en términos de tamaño y de capital el de las grandes empresas y las de inversión extranjera directa (IED) en los distintos sectores donde se esparcieron. Por otro lado, el sector servicios tuvo un fuerte crecimiento en las grandes empresas y en las que tienen un alto porcentaje de IED, principalmente en los sectores privatizados en donde prevaleció una inclinación hacia la subcontratación[52] y la

---

[52] Los procesos de reestructuración empresaria estimularon la derivación a terceros (externalización) de partes de los procesos productivos de bienes o servicios. Es decir que en el interior de los establecimientos, en un mismo espacio físico conviven actividades laborales desarrolladas por diferentes empresas, entretejidas en redes de contratación y subcontratación en el seno de las cuales dificulta establecer las relaciones de dependencia laboral. A su vez, los límites de las empresas coinciden cada vez menos con los ámbitos físicos del establecimiento, extendiéndose por vías diversas sea hacia el espacio económico de los mercados a través de redes de comercialización y distribución singulares, o bien hacia el espacio doméstico a través del trabajo a distancia u otras modalidades. "En el casillero de la subcontratación, el trabajador es contractualmente independiente de la empresa usuaria de su trabajo pero se subordina a la organización del trabajo fijada por ésta [...] La noción de independencia se refiere aquí a la prestación de trabajos en una empresa por parte de los asalariados de otra empresa: esto involucra relaciones de trabajo "trilaterales", que se multiplican según la profundidad de la cadena de subcontratación. De acuerdo con la terminología expuesta, el trabajador individual está subordinado a la organización del trabajo de la empresa contratante, tiene un contrato como asalariado dependiente de la empresa contratada, mientras que entre las empresas se establece un contrato de índole mercantil de prestación de servicios [...] La subcontratación se situó en la base de las prácticas de "externalización" o "terciarización" que se difundieron durante la década del noventa en las grandes empresas y organizaciones de todas las ramas de actividad [...] no se restringió ya como en el pasado a los servicios tradicionales de seguridad, catering y limpieza, sino que se extendió a múltiples actividades que antes realizaba la empresa con personal propio, sustituyendo a éste por trabajadores de empresas subcontratadas sobre los que ya no rige la responsabilidad del contratante. Esto afectó

terciarización. En las pequeñas y medianas empresas de este sector, puedo observarse un grupo pequeño de firmas con capacidad competitiva y un número significativo que ha desaparecido o presentó graves problemas para su supervivencia (cfr. Nóvick, M., op. cit., p. 55).

Durante los años '90, la estructura manufacturera tendió a consolidarse en torno a un reducido grupo de actividades[53] que se

---

negativamente a los sindicatos, que, restringidos a la representación del personal contratado directamente, encontraron dificultades para incorporar en su cobertura la representación de los trabajadores de las pequeñas empresas subcontratadas" (Palomino, H., op. cit., pp. 155 a 157).

[53] Para 1999 cinco agrupamientos de la producción sectorial: elaboración de productos alimenticios y bebidas; la refinación de petróleo; la manufactura de sustancias y productos químicos; la fabricación de metales comunes, y la producción de vehículos automotores, representaban el 65%, siendo la producción agroindustrial la que se consolidó como la actividad de mayor importancia agregada del espectro manufacturero local, llegando a representar un 30% de la totalidad de la producción industrial. Asimismo, se produjo en algunos casos, una muy acentuada involución productiva de ciertas actividades vinculadas a los bloques textil y metalmecánico (con la excepción de la industria automotriz). La fabricación de productos textiles y de prendas de vestir y pieles disminuyeron su contribuciones relativas a la producción total entre 1993 y 1999, en un 32% y un 23% respectivamente. De igual manera se produjo una caída de la producción metalúrgica en un 28%, la fabricación de instrumentos médicos y ópticos 20%, la elaboración de maquinaria y aparatos eléctricos

sustentaron en la explotación de ventajas comparativas naturales. De esta forma, las manufacturas de mayor crecimiento e importancia agregada del espectro fabril local, se situaron, principalmente, en las primeras etapas del proceso productivo, teniendo por resultante un reducido dinamismo en materia de generación de cadenas de valor agregado, así como una baja contribución a la creación de eslabonamientos productivos y puestos de trabajo. La consolidación de este tipo de perfil sectorial en las firmas líderes, definió el rumbo de tales actividades y, en general, del conjunto de la industria argentina dado su poder oligopólico sobre las distintas ramas en las que intervenían (cfr. Azpiazu, D., et al, op. cit., pp. 6-7).

Asimismo, la dinámica de los precios de los distintos bines y servicios que se establece durante la Convertibilidad, determinó importantes trasformaciones en las rentabilidades relativas de la economía local en los años '90 debido a la asimetría en la evolución de los precios domésticos que se verificó entre, por una parte, los bienes y

---

19%, y la producción de máquinas y equipos un 15% (cfr. Azpiazu, D., et al, op. cit., pp. 17-18).

servicios no transables con el exterior y los transables protegidos natural o normativamente de la competencia externa, y, por otra, los transables (como buena parte de los elaborados en numerosos mercados fabriles). Los precios de distintos servicios -en particular los públicos privatizados- registraron un fuerte incremento, a diferencia de una parte considerable de los productos fabriles en los cuales se observó un leve aumento, lo cual se halla en relación por el efecto disciplinador sobre la formación de precios que devino de la apertura de la economía. Tal reconfiguración de las estructura de precios y rentabilidades relativas de la economía local, tendió a desincentivar la formación de capital en el ámbito fabril, principalmente de las firmas de menor tamaño, debido al significativo aumento en los costos empresarios y, derivado de ello, un evidente deterioro del tipo de cambio real y, en consecuencia, de la competitividad externa de una

parte importante de actividades fabriles, particularmente de las que se caracterizaban por la creación de valor agregado (Ibídem, pp. 8-9).

La dinámica determinada por las grandes firmas a partir del control que ejercieron sobre las diversas actividades que desarrollaron en el país durante los años '90, definieron el comportamiento del conjunto de la economía argentina, pero, además, lograron consolidar tres tendencias que impactaron negativamente sobre la situación de los trabajadores ocupados en ellas: reducción de mano de obra, precarización de las condiciones laborales y progresiva regresividad en la distribución del ingreso.

Según Schorr y Santarcángelo, el valor agregado generado por las firmas líderes creció un 39,8% entre 1993 y 1998 mientras que el PBI global lo hizo en un 26,1% (lo cual trajo aparejado un aumento en el grado de concentración del conjunto de la economía local en torno a estas empresas). El significativo incremento alcanzado en el producto bruto de la cúpula se registró al mismo tiempo que al del crecimiento en la productividad laboral de las firmas, acontecimiento que estuvo estrechamente ligado al aumento de los ritmos de trabajo de los obreros ocupados.

[...] la productividad media de la mano de obra ocupada en las firmas integrantes de la elite empresaria local se incrementó casi un 24% más que la producción [...] la productividad laboral de las principales empresas oligopólicas que actúan en el país ha estado estrechamente ligada a la evolución del empleo o, más concretamente, a la dinámica que adoptó la importante expulsión de asalariados que se registró en las firmas líderes [...] el aumento registrado en la productividad media de la mano de obra de la cúpula estuvo asociado a un aumento de consideración en los ritmos de trabajo de los obreros ocupados [...] mientras la productividad de los obreros empleados en las firmas líderes creció casi un 50% entre 1993 y 1998, la masa salarial por ocupado (salario medio) creció apenas un 20%. A partir de este patrón diferencial de comportamiento entre la productividad laboral y la remuneración media de los asalariados de la cúpula puede inferirse una significativa trasferencia de ingresos desde estos últimos hacia los empresarios y, por lo tanto, una creciente apropiación por parte de los grandes capitalistas del excedente generado por los trabajadores. Ello se refleja claramente en la evolución del superávit bruto de explotación por ocupado (esto es, la parte del producto bruto por asalariado que recibe el empresario una vez descontada la masa salarial), que se incrementó más de un 65% a lo largo del período (Schorr, M., Santarcángelo, J., op. cit., pp. 14 a 16).

El deterioro de las retribuciones de los trabajares en el contexto de un acelerado crecimiento económico de las empresas que conformaron el núcleo del capital concentrado, implico un nuevo golpe regresivo en materia distributiva para los asalariados.

Entre 1990 y 1999, se advierte un incremento del nivel de desigualdad del ingreso. El PBI creció igual que la brecha entre los sectores de mayores y de menores ingresos, un 57 %. Esto indica que el crecimiento económico de la década no fue distribuido equitativamente al conjunto de la población, sino que, por el contrario, amplió la brecha entre ricos y pobres (cfr. Zeller, N., op. cit., p. 25).

Dentro de la participación de los distintos sectores sociales en el ingreso "el 20 % con mayores ingresos no sólo aumenta su participación sino que representa a más de la mitad de los ingresos totales. El 20 % más pobre representa apenas el 4 % de los ingresos totales y tiende a bajar su participación. Mientras que el otro 40 %, que son los sectores medio y medio alto, reciben más del 75 % de los ingresos totales". Por otro lado, la participación de los salarios a fines de los '90, era de sólo del 26 % del Ingreso Nacional (Ibídem, pp. 22-23).

No obstante, la reducción sistemática de los salarios así como la marcada regresividad distributiva que viene asociada a dicho proceso, fue funcional tanto al modelo macroeconómico como, derivado de ello, a la dinámica de acumulación y reproducción ampliada del capital de las diferentes fracciones que integran los sectores dominantes. Así, los ingresos de los asalariados y las ventas de la elite empresaria procedieron de manera disociada en relación al ciclo económico, esto es, a la vez que los salarios disminuyeron enérgicamente, las ventas se expandieron en forma significativa. Los factores que estimularon el fuerte incremento de las ventas de las empresas líderes durante los años '90, remite a la incorción octructural de estas firmas en la economía local. Una parte importante de este conjunto de empresas se dedicó a la producción agroindustrial (especialmente a la elaboración de "bienes salarios"), una de las actividades de mayor dinamismo del espectro manufacturero local, cuya expansión se sustentó, principalmente, en las exportaciones. Para estas firmas, la contracción de las retribuciones salariales y la concentración del ingreso fueron funcionales a su proceso de acumulación en un doble sentido: incrementando los saldos exportables disponibles e induciendo una mejora del tipo de cambio real (asociada a una caída en los costos empresarios). Otro subconjunto de firmas líderes se desenvolvió en sectores que presentaron una demanda cautiva (prestación de servicios públicos privatizados), mientras que otro se dedicó a la elaboración y/o a la comercialización de bienes y/o a la prestación de servicios demandados por los sectores de mayor poder adquisitivo de la población. En el caso de este grupo de compañías monopólicas u oligopólicas, la disminución de los salarios no perturbó, en lo esencial, sus respectivos niveles productivos y sus ingresos por ventas, a la vez que les permitió acrecentar sus ganancias (cfr. Schorr, M., 2001, pp. 4-5).

Empero, la dinámica de acumulación y reproducción del capital de las distintas fracciones de los sectores dominantes, no se agotó en el poder de definición y el control que ejercieron sobre el conjunto de la economía del país, como tampoco en la enérgica reestructuración de las condiciones laborales que se dispusieron en detrimento de los trabajadores, sino que, a partir de la puesta en marcha del programa de reformas y el funcionamiento económico que adoptó el Estado, también pudieron sumergirse en un proceso de valorización del capital signado por la adquisición de activos públicos subvaluados, la apertura de un nuevo ciclo de endeudamiento externo, el retorno a la valorización financiera y la obtención de exorbitantes ganancias patrimoniales.

Durante los primeros años de la década del '90, del proceso de trasferencia de los activos públicos al capital privado surgió una nueva forma de propiedad caracterizada por asociaciones conformadas por los grupos económicos locales y las empresas transnacionales que se incorporaron a la argentina para participar de los consorcios privados que adquirieron las empresas estatales (ofr. Basualdo, ot al, op. cit., p.15).

Si bien el capital extranjero tuvo una marcada presencia en los consorcios adjudicatarios de las empresas privatizadas, la participación de los grupos económicos locales en dicho proceso fue sumamente significativa[54], y

____

[54] Algunos ejemplos de la presencia de los principales grupos económicos locales en las privatizaciones se encuentra en "Pérez Companc (presente en

mediante estrategias de diversificación hacia diferentes actividades como también de ampliación en otras del mismo sector en el que operaban o por medio de algún negocio puntual, consolidaron su presencia en extensos segmentos productivos.

De las primeras 100 empresas principales del país para 1991, a partir del proceso

---

telecomunicaciones -tanto en Telecom como en Telefónica de Argentina-, electricidad -generación, distribución y transmisión, gas -presente en transporte y distribución- y en petróleo -obtuvo áreas para exploración y explotación, además de adquirir una participación minoritaria en YPF y participar en el negocio de la refinación); Astra (que obtuvo importantes concesiones de áreas petroleras, además de participaciones en distribución de gas -Metrogás- y electricidad -Edenor-; Techint (obtuvo la siderúrgica SOMISA, a partir de la cual acentuó su presencia en el sector, y además participó en electricidad -Edelap-, transporte de gas -Transportadora de Gas del Norte-, áreas petroleras, ferrocarriles -Ferroexpreso Pampeano-, concesiones de rutas nacionales y telecomunicaciones a través de una participación en Telefónica de Argentina); Soldati (acentuó su presencia en el sector petrolero -tanto mediante la obtención de áreas como de destilerías- y también estuvo presente en electricidad, gas, ferrocarriles, agua y telecomunicaciones); Bridas (obtuvo concesiones de áreas petroleras y gasíferas); Roggio (se transformó en un importante operador de transporte, obteniendo la concesión del Subterráneo de la Ciudad de Buenos Aires y de la línea Urquiza de ferrocarriles además de acceder a la explotación de áreas petroleras); Fortabat (obtuvo la concesión de la línea Roca de ferrocarriles y de una empresa eléctrica de la provincia de Buenos Aires) y Macri (obtuvo importantes concesiones de rutas nacionales y accesos viales, áreas petroleras y una significativa presencia en distribución de gas y generación de electricidad)" (Kulfas, M., op. cit., p. 17).

privatizador, 14 eran estatales, 49 eran privadas de capital local, 28 eran privadas de capital extranjero y 9 pertenecían a asociaciones entre capitales extrajeras y grupos locales (cfr. Kulfas, M., op. cit., p. 19).

Además, la participación de este sector en la propiedad de los nuevos consorcios prestadores de servicios públicos trajo aparejada una notable disminución en la fuga de sus capitales al exterior y, contrariamente, se evidenció un retorno de ese excedente. De manera que la repatriación de una parte de los capitales locales invertidos en el exterior era la contrapartida de las múltiples participaciones accionarias en los nuevos consorcios que obtuvieron los grupos económicos locales (cfr. Basualdo, E., *La reestructuración de la economía... op. cit.*, p. 155).

También fue significativa la presencia de bancos extranjeros en los consorcios privatizados, especialmente en las empresas pioneras del proceso de privatizaciones como los casos de ENTEL y Aerolíneas Argentinas. Esta presencia estuvo relacionada al programa de capitalización de la deuda externa que durante los dos primeros años incluyó las ventas concretadas. De manera que parte de la adquisición debía ser cancelada mediante el aporte de bonos de la deuda argentina, muchos de los cuales estaban en manos de bancos extranjeros (cfr. Kulfas, M., op. cit., p. 16). Por lo tanto, la renegociación de la deuda a través del Plan Brady se convirtió en el instrumento mediante el cual los bancos comerciales pudieron deshacerse de la incobrable deuda anterior ya amortizada, y recibir a cambio títulos públicos, o bonos y obligaciones garantizados por bonos cupón cero del Tesoro de EE.UU. que les posibilitó hacer uso de un volumen de recursos liberado hacia nuevos negocios, y así poder participar en la adquisición de empresas a bajos precios y con formidables posibilidades de obtener rentas monopólicas (cfr. Gambina, J., et al, op. cit., pp. 103-105).

Sin embargo, los consorcios privados solventaron la mayor parte de sus inversiones con divisas provistas bajo endeudamiento externo y no con aportes propios. Las empresas privatizadas, lideraron el nuevo ciclo de endeudamiento externo a principios de los '90 en virtud de la solidez patrimonial con que emergieron del proceso de privatización; la absorción del Estado de prácticamente la totalidad de la deuda de las empresas públicas al momento de venta[55]; de su estrecha relación con la banca internacional de los países de origen de sus accionistas y sus excelentes perspectivas de rentabilidad en mercados oligopólicos y monopólicos (cfr. Basualdo, E., 2007, p. 178).

A su vez, una porción importante del endeudamiento externo privado se valorizó internamente a razón de la diferencia a favor de las tasas de interés internas respecto a las internacionales, y el seguro de cambio establecido por el régimen de convertibilidad. Si bien una parte de la misma se asignó a financiar parte del capital de trabajo, y especialmente a incrementar sus activos mediante las fusiones, adquisiciones de empresas y nuevos negocios, también puso de

---

[55] EL Estado absorbió el 75% del total de la deuda externa e interna de estas firmas, trasladando a los nuevos consorcios propietarios 6.000 millones de dólares. Esto implicó que el Estado retuviera más de 20.100 millones de dólares en concepto de deuda total de las empresas transferidas, el 70% de la cual se encontraba nominada en divisas. La deuda absorbida por el Estado representó el 56% de los ingresos percibidos en concepto de privatizaciones. Esta como la mayoría de las medidas más regresivas que formaron parte del proceso de privatizaciones, eran impulsadas por los organismos internacionales, especialmente por el Banco Mundial, quien fue el responsable directo de diseñar y auditar las reformas estructurales (cfr. Basualdo, E., Nahón, C., op. cit., p. 37).

manifiesto la vigencia de la valorización financiera, ya que les permitió a esas empresas disponer del capital propio para otros fines. Es decir, concedió la posibilidad a los sectores dominantes de orientar el capital propio a la valorización financiera en el exterior, dando inicio nuevamente a la fuga[56] de capitales, principalmente de los grupos económicos locales (cfr. Basualdo E., Kulfas, M., op. cit., p. 64).

El circuito de ingreso de capitales, primero, y de salida, después, que acompañó al régimen de Convertibilidad, incrementó las necesidades de divisas necesarias para garantizar el sostenimiento de la paridad convertible. El correlato de esta dinámica de funcionamiento de la economía local fue un desmesurado endeudamiento del sector público y una significativa disminución en la formación de capital reproductivo, cuya contrapartida fue la acumulación de activos privados fuera del país.

---

[56] El promedio de la deuda externa y la fuga de capitales entre 1977 y 1983 arriban a 11.175 y 9.086 millones de dólares por año, mientras que entre 1992-1997 alcanzan a 13.534 y 11.975 millones de dólares anuales, respectivamente. "[...] el sustento fundamental del Plan de Convertibilidad no se encuentra en la incorporación de capital extranjero que se radica en el país bajo la forma de inversiones directas [...] sino en el dinamismo inédito que asumen el endeudamiento externo y la fuga de capitales locales" (cfr. Basualdo E., Kulfas, M., op. cit., p. 82).

De manera que la expansión del endeudamiento externo público con el objeto de sostener la Convertibilidad y el equilibrio del sector externo, permaneció subordinado a la lógica establecida por el endeudamiento del sector privado que se situaba, mayoritariamente, en torno a la obtención de renta financiera para ser trasladada al exterior (cfr. Basualdo, E., Nahón, C., Nochetff, H., 2007, pp. 193-197).

Esto implicó que el endeudamiento del sector público no se limite a afrontar el pago de los intereses adeudados sino que, además, deba ser el proveedor de divisas que permitía, al mismo tiempo, saldar el déficit de las cuentas externas del sector privado y constituir la reserva de divisas internacionales que requería el régimen convertible para su sostenimiento (cfr. Basualdo, E., Nahón, C., op. cit., p. 7).

Por otra parte, en tanto que el período 1990-1994 significó la conformación de una comunidad de negocios entre los grupos económicos locales, las empresas transnacionales y los bancos internacionales, no obstante, durante los años 1994-1997 se inicia otra etapa en la cual, primeramente los bancos internacionales y posteriormente los grupos económicos locales, emprenden la venta de sus participaciones accionarias en los consorcios privados, como también en ciertos casos, la transferencia del conjunto de las firmas que controlaban, hacia el capital extranjero, siendo su totalidad en el caso de los bancos internacionales.

En 1995 dentro del núcleo de las 100 empresas principales del país, la presencia estatal se encontraba sólo en 3 empresas, 48 correspondían al capital local, 32 al capital extranjero y las pertenecientes a asociaciones pasan a 17 empresas. Para 1998, sólo se hallaba 1 empresa estatal (1.5%), 46 eran de capital extranjero (42.6% del total), 33 de capital local (28.6%), y 20 eran asociaciones (27.3%). En 1999, 3 eran del sector estatal (2.5%), 30 pertenecían a los grupos locales (26.4), 58 a capitales extranjeros (59.2%) y sólo 9 correspondían a las asociaciones (11.9%) (cfr. Kulfas, M., op. cit., pp. 21-39-42).

El interés de los capitales extranjeros por acceder a la propiedad de las mismas, se hallaba en relación a que las empresas que se transferían ostentaban las mayores rentabilidades de la economía real y, en ciertos casos, de sus respectivas actividades. Además, como esto se produjo en el marco del régimen de convertibilidad, dichas empresas se beneficiaban con una elevada ganancia en dólares, lo cual fijaba su alta rentabilidad en términos internacionales (cfr. Basualdo, E., *La reestructuración de la economía...* op. cit., p. 158).

Esta nueva etapa implicó una transformación terminante de la inicial composición tripartita de los consorcios adquirientes, y la apertura de un nuevo ciclo en el que se intensificaron las operaciones de fusiones y adquisiciones de empresas.

"Mientras que durante los primeros años de la década, cuando se concreta el grueso de las privatizaciones, dicho tipo de operatoria resulta marginal (sólo el 3.6% de las operaciones se vinculan con la reestructuración en empresas y sectores privatizados), en el bienio 1995-1996 se eleva a un promedio del 19% y en el trienio 1997-1999 se transforman en mayoritarias con el 52%." (Kulfas, M., op. cit., p. 32).

De manera que, el impacto del proceso de privatizaciones sobre el mapa de grandes empresas del país no concluyó en la mera transferencias de empresas estatales al sector privado sino que, ulteriormente, trajo consigo un proceso de reestructuración al interior de las empresas privatizadas como también en los sectores en que se efectuaron privatizaciones, que condujo a la realización de un número significativo de operaciones de fusiones y adquisiciones, en el que los grupos económicos locales también tuvieron protagonismo consolidando su participación en algunas de sus actividades (Ibídem, 2001, p. 34).

Ahora bien, con respecto a las transferencias de los consorcios al capital extranjero, estas representaron -siguiendo a Basualdo-, por un lado, la extranjerización del país y, por otro, la obtención de significativas ganancias patrimoniales para los grupos económicos locales y los bancos internacionales. Dichas ganancias provinieron de la acelerada revaluación[57] de los activos adquiridos al

---

[57] "Como ejemplo de ello, cabe destacar los resultados obtenidos por la venta de las participaciones accionarias de tres grupos locales y un banco extranjero en las compañías telefónicas a sus respectivos socios extranjeros (Telefónica de España y el fondo Citicorp Equity Investment, en el caso de la empresa Telefónica de Argentina, y France Telecom y Stet/Telecom Italia en el caso de la empresa Telecom Argentina). Al momento de la privatización de la empresa telefónica ENTEL, los grupos locales Soldati, Techint y Pérez Companc y la banca Morgan realizaron un desembolso cercano a los 300 millones de dólares, mediante el cual obtuvieron participaciones en los consorcios de las empresas controlantes de las compañías telefónicas. A través de sucesivas operaciones de F&A obtuvieron casi 1 400 millones de dólares, generando ganancias patrimoniales por casi 1 100 millones de dólares [...] De este modo, los mencionados conglomerados obtuvieron -en promedio- un valor casi cuatro veces

sector público -diferencia entre el monto de inversión inicial y el de la venta de la participación accionaria-, debido al reducido precio inicial, pero también, a la creciente rentabilidad de las empresas privatizadas, favorecida, a su vez, por las reformas regulatorias y los frecuentes incumplimientos contractuales (cfr. Basualdo, E., Nahón, C., 2007, p. 177).

El devaluado monto que percibió el Estado por la concesión de sus empresas a los sectores dominantes se verifica, por un lado, por la marcada subvaluación de los activos públicos y, por otro lado, debido a que el programa de capitalización facilitó que una parte significativa del pago se efectúe con bonos de la deuda externa a valor nominal y no de mercado[58]. A su vez, a este reducido precio inicial se sumó la implementación de sucesivas

---

superior al invertido, con un rendimiento anual equivalente al 41.6%" (Kulfas, M., op. cit., p. 33).

[58] "[...] mientras los títulos de la deuda pública (en pesos y en dólares) fueron computados en parte de pago de acuerdo a su valor nominal, cotizaban en el mercado a un valor efectivo que oscilaba entre el 14% (en 1990) y el 73% (en 1994) del mismo [...] esta diferencia de valuación implicó para el Estado una merma de casi 9.000 millones de dólares en los ingresos recibidos por las privatizaciones, equivalente al 38% del monto efectivamente obtenido" (Basualdo, E., Nahón, C., *La presencia de las empresas...* op. cit., p. 33).

renegociaciones de los contratos originales que sistemáticamente estaban encaminados a garantizar una incremento de la rentabilidad empresaria, a las cuales se le agregaron los incumplimientos de estos consorcios privados que operaban en el mismo sentido "-indexación en dólares de las tarifas, incumplimientos en términos de las inversiones comprometidas, así como en el traslado de reducciones impositivas y los incrementos de productividad a las tarifas[59], entre otros.-" Tales factores

---

[59] "En la práctica, las privatizaciones estuvieron rodeadas de procedimientos irregulares en los cuales los agentes privados participantes del proceso supieron aprovechar su poder económico para resultar beneficiados con la nueva política. En materia tarifaria, la entrega de las empresas fue acompañada por la elevación del precio de los servicios en el preciso momento en que se hacían efectivas; tal fue el caso de los teléfonos y ferrocarriles entre otras [...] los incrementos de tarifas fueron utilizados por el Estado con la intención de garantizar elevada rentabilidad para las empresas adjudicatarias. Fue un mecanismo deliberado para obtener mejores ofertas, con lo cual el deterioro de los consumidores de dichos servicios sería una situación de difícil reversión, dado el escaso poder de renegociación estatal y de los organismos reguladores [...] Se puede ejemplificar citando algunos casos específicos, como el del sector de electricidad y gas, que generó cierta estructura competitiva en virtud de la desregulación del sector generador y que no alcanzó a la fase de distribución; es decir, se decidió utilizar en esta última un mecanismo de fijación de precios tope en virtud de un índice de precios y de un factor de productividad, con lo cual se incentivaba a un mejoramiento de la eficiencia (como una forma de apropiarse de la diferencia de utilidad que se había pactado con el organismo regulador) que nunca fue trasladado como beneficio vía precios hacia los consumidores. De

determinaron elevadas ganancias patrimoniales, pero no de manera inmediata sino algunos años después de efectuada la trasferencia de los activos públicos, logrando asegurar una alta rentabilidad debido a la gran magnitud de sus ganancias corrientes. De ello deriva que la venta de las participaciones accionarias en los consorcios privados como la de los activos fijos, se comience a efectuar, principalmente, a partir de mediados de los

---

todas formas, la idea de vincular directamente los precios a la estructura de costos por parte del gobierno redundó en fuertes aumentos en los servicios [...] En el caso del agua y los servicios cloacales, la introducción de medidores para el cobro del servicio desplazando el anterior sistema de cobertura por metros cuadrados redundó en mayores costos para los consumidores, debido a que fueron los encargados de financiar la instalación del nuevo sistema. En el caso de los teléfonos se produjo un importante aumento en las tarifas y se implantó un "rebalanceo telefónico" que abarató las llamadas internacionales e interurbanas a costa del encarecimiento de las urbanas [...] los beneficios fueron directamente a parar a las manos de las empresas concesionarias [...] las mejoras producidas en las prestaciones fueron financiadas por los consumidores en la mayoría de los casos, eliminando cualquier clase de riesgo para las empresas, y en algunos casos incluso subsidiadas por el propio Estado Nacional de manera directa, como es el caso de los ferrocarriles[...] Por otro lado, en algunos casos se acordaron inversiones para mejorar la calidad de los servicios a cambio de la extensión de los contratos de concesión. En ningún caso existió beneficio para los usuarios, y sin lugar a dudas el énfasis otorgado a la libertad con que las empresas se manejaron y el rechazo a normas regulatorias que establecieran claros límites para su accionar determinó los réditos para las empresas privadas" (Gambina, J., op. cit., pp. 213 a 215).

años '90 (cfr. Basualdo, E., Nahón, *La presencia de las empresas... op. cit.*, p. 52).

Asimismo, en el contexto del régimen convertible, la venta de las empresas privatizadas representó una operación financiera, debido a que la finalidad de la adquisición inicial no perseguía una inversión productiva, sino que, por el contrario, se asentaba en la obtención de ganancias patrimoniales con su posterior venta.

De esta forma,

dado que se trata de empresas de elevada rentabilidad relativa, su precio de venta conlleva significativas ganancias patrimoniales, pero las mismas son potenciales -y por lo tanto pasibles de desaparecer en el tiempo ante cambios significativos en los precios relativos como, por ejemplo, una devaluación del signo monetario-, a menos que se realice su venta [...] Como el objetivo es realizar esas ganancias patrimoniales, y no invertir en otras actividades económicas, la manera de conservarlas en las monedas de los países centrales es remitirlas al exterior[60] para

---

[60] Para fines de la década del noventa, los capitales de residentes argentinos en el exterior superaban los 115 mil millones de dólares (lo cual equivalía a más del 80% de la deuda externa total del país), cuando a comienzos de la

independizarlas de los vaivenes de los precios relativos internos, especialmente del tipo de cambio en una etapa de creciente sobrevaluación del peso. De esta manera, un activo fijo cambia de naturaleza y queda subsumido en la lógica de la valorización financiera (Basualdo, E., *La reestructuración de la economía... op. cit.*, p. 158).

Empero, como se mencionó anteriormente, el protagonismo que obtuvieron los grupos económicos locales en el proceso de venta de participaciones accionarias en los consorcios privados como la de activos fijos, fue concomitante a la consolidación que alcanzaron en otras actividades, debido a la intensificación de su inserción en la economía real -específicamente en las principales producciones agroexportadoras-, que lograron detentar dentro del proceso operatorio de fusiones y adquisiciones.

Como señala Kulfas,

[...] entre 1992 y 1999 se realizaron más de 900 operaciones de F&A (se incluyen tanto compras parciales como totales de empresas), las que implicaron desembolsos brutos por 55.300 millones de dólares. De esa cifra, el

---

misma se ubicaban en el orden de los 50 mil millones de dólares (cfr. Azpiazu, et al, op. cit., p. 11).

87.6% correspondió a adquisiciones realizadas por empresas extranjeras, mientras que el 12.4% restante tuvo como comprador a empresas de capital local. Asimismo, puede apreciarse que el fenómeno predominante ha sido la adquisición de firmas locales por parte de inversores extranjeros, que han sumado operaciones por más de 30 mil millones de dólares (54.7% del total de F&A) [...] La participación de las empresas locales en el proceso de F&A como compradores fue minoritaria pero significativa, [...] estrechamente asociada a un núcleo acotado de grandes empresas. De los 6.845 millones de dólares desembolsados por empresas locales en la adquisición de empresas, casi 2.400 millones de dólares correspondieron a compras (totales o parciales) de empresas en manos de inversores extranjeras, mientras que los restantes 4.452 millones de dólares tuvieron como destino la adquisición de acciones en manos de otros empresarios locales. Este es un hecho importante por cuanto señala que, si bien las empresas locales fueron vendedoras netas, también participaron activamente del proceso de F&A, concretando un significativo proceso de reestructuración productiva y financiera [...] (Kulfas, M., op. cit., pp. 27-28).

De esta manera, los grupos económicos locales a la vez que redujeron su participación en la producción de bines y servicios, concentraron su inserción productiva en la elaboración de bines exportables[61] debido a las ventajas comparativas naturales que presenta el país, las cuales tienen una reducida demanda de bienes importados, ubicándose

---

[61] El crecimiento de las inversiones agropecuarias (incluyendo extensiones inmobiliarias) por parte de algunos empresarios locales durante los noventa se intensificó y, a la vez, se sumaron nuevos empresarios locales a tales tipos de explotaciones. A manera de ejemplo, "cinco grupos económicos (Bunge & Born, Loma Negra, Bemberg, Werthein y Ledesma) eran propietarios de más de 20.000 hectáreas en la provincia de Buenos Aires y poseían conjuntamente un total de casi 400.000, extensión que representa casi el 17% de la superficie de la provincia y con la peculiaridad de ser los que poseen la mayor superficie media entre los terratenientes provinciales. Otros casos de grupos económicos con extensiones significativas eran los de Pérez Companc, Garovaglio & Zorraquín (G&Z), Arcor y Terrabusi. Precisamente este último es uno de los casos en que la diversificación hacia el sector agropecuario tiene como correlato el retiro de la actividad manufacturera, situación que se produce a partir de la venta de la alimenticia Establecimiento Modelo Terrabusi en 1995. Otros grupos que siguieron el mismo camino fueron G&Z, y los ex empresarios televisivos Eurnekián -destinó parte de sus fondos a la producción algodonera y agrícola-ganadera-, Liberman -pasó del negocio televisivo a la producción de oleaginosos- y Romay -cuyo destino fue la producción algodonera-. Pero los casos de mayor significatividad en la materia son los de los grupos Pérez Companc y Macri" (Kulfas, M., op. cit., pp. 64-65).

como la fracción del capital con mayor superávit en su balanza comercial. A su vez, alcanzaron una elevada dolarización tanto de su stock de capital como de su flujo de ingresos, ya que su capital se encontraba pronunciadamente concentrado en activos financieros y radicados en el exterior, y en ingresos procedentes de las firmas controladas en el país, en ambos casos dolarizados (cfr. Basualdo, E., *La reestructuración de la economía...* op. cit., pp. 163-164).

Por su parte, el capital extranjero se ubicó en una situación opuesta debido a su creciente posicionamiento sobre activos fijos en las privatizaciones, como también en la adquisición de empresas productivas y prestadoras de servicios públicos. (Ibídem, p. 164).

A partir de esta diferencia de inserción estructural entre las distintas fracciones de los sectores dominantes, emergieron posicionamientos divergentes respecto a la solución a adoptar frente al agotamiento de la convertibilidad, que comenzó a manifestarse en 1998 (culminando en el 2001 con la salida del régimen y la devaluación monetaria).

La sucesión de una serie de crisis internacionales (la crisis mexicana en 1995 y la asiática en 1997, la devaluación rusa en 1998 y brasileña en 1999), marcaron el inicio de una etapa de recesión internacional que trajo aparejada la restricción financiera para América Latina, a la que se agregó la disminución del precio internacional de los productos exportados. Tales condiciones comenzaron a socavar el régimen convertible ante la limitación creciente para contraer endeudamiento externo[62].

Por último, cabe destacar que en esta coyuntura comenzaron a surgir dos propuestas alternativas al régimen de entonces, cada una funcional a los intereses del sector que las promovía -aunque si ambas coincidían en su resultante: el desmedro de los trabajadores-.

Por un lado, la alternativa propuesta por los capitales extranjeros tenía por objeto sustituir la Convertibilidad por la dolarización. De esta forma las subsidiarias extrajeras productoras de bienes o prestadoras de servicios en el

---

[62] En trascurso del mandato del Dr. Alfonsín, la deuda externa logró alcanzar un valor cercano a los 60.000 millones de dólares para 1989 debido la acumulación de atrasos de intereses con los acreedores (Kulfas, M., Schorr, M., 2003, p. 14). Al final del gobierno del Dr. Menem, la deuda alcanzó los 170.000 millones de dólares (cfr. Rapoport, M., op. cit., p. 11).

país, se asegurarían que los mismos conserven su valor en dólares y evitar sufrir pérdidas patrimoniales sobre los recursos invertidos localmente, y a la banca transnacional radicada en el país, que sus deudas en dólares (depósitos) no se incrementen ni sufran pérdidas por incobrabilidad de sus préstamos en la misma moneda. Por otro lado, la alternativa promovida por los grupos económicos locales, se centraba en la salida de la Convertibilidad a través una devaluación del signo monetario. Esta propuesta fortalecía la moneda local y, por ende, el poder de este sector ya que sus recursos invertidos en el exterior y los ingresos corrientes de su saldo comercial estaban dolarizados (cfr. Basualdo, E., *Las reformas estructurales*... op. cit., pp. 81-82).

En suma, detrás de la incorporación del profético discurso reformista neoliberal como sustento para el logro del crecimiento económico sostenido, el objetivo de la aplicación de las reformas que se implementaron en los años '90 en Argentina, estuvo orientado hacia la reestructuración de las relaciones sociales y laborales para volverlas funcionales a las nuevas condiciones de acumulación y valorización del capital establecida por la mundialización de la economía y promovida por organismos internacionales (FMI, BM, OMC), y demandada por las distintas fracciones integrantes de los sectores dominantes. De esta forma, la acción del Estado y su ordenamiento político-económico, fueron determinantes para la expansión de los grupos hegemónicos del capital concentrado con el consiguiente deterioro del conjunto social, y, aún más profundamente, para la clase trabajadora.

CONCLUSIONES

Frente al crecimiento inflacionario y el desaceleramiento económico desatado en los países industrializados con la crisis del petróleo del '73, junto a una profunda crisis fiscal y de legitimación del Estado social, y el descenso de la productividad y de la rentabilidad de las corporaciones, el modelo fordista-keynesiano quedó totalmente debilitado.

Este contexto determinó que desde mediados de los años '70, el capital lleve adelante un nuevo proceso racionalización y reestructuración en las condiciones del sistema de acumulación capitalista, destinado a intensificar la subordinación del trabajo al capital, al mismo tiempo, que, por otro lado, cobren legitimidad las ideas neoliberales, las cuales vieron en el poder de las acciones reivindicativas de los sindicatos y la clase trabajadora sobre el Estado (gasto social) y el capital (salario), las culpables de los procesos inflacionarios y el decrecimiento de las ganancias de las empresas.

El capital, consustanciado con los argumentos neoliberales, encontró en las nuevas formas flexibles de organización de la producción desarrolladas por el sistema Toyota japonés y en la incorporación de nuevas tecnologías productivas debido al avance de la microelectrónica, la estrategia fundamental para introducir un nuevo modo de regulación del trabajo basado en la flexibilización de las condiciones de contratación y uso de la fuerza de de trabajo, como también en la precarización y eliminación de puestos laborales, y creación de desempleo estructural, consiguiendo intensificar la explotación del trabajador y, por donde, acrecentar su rentabilidad.

La incorporación por parte de los Estados del marco teórico neoliberal determinó el derrumbe de las políticas keynesianas, y, a partir de ello, establecieron una reorganización política y económica de orden mundial que se rigió, bajo la dirección de los países desarrollados, en función de los valores de apertura de mercado y libre competencia.

La búsqueda de estabilidad monetaria mediante la implementación de una férrea disciplina presupuestaria que devino en contención del gasto social, fue el argumento solapado que permitió a los Estados la incorporación de las políticas neoliberales tendientes a arremeter contra los beneficios adquiridos por los trabajadores, a la vez que bajo el discurso de eficiencia de los recursos, se abrieron nuevos espacios para la penetración y expansión del capital mediante la apertura de programas de privatización de bienes y servicios públicos, con la consiguiente ruptura y mercantilización de los derechos tradicionales de protección y seguridad social de la clase trabajadora.

Por tanto, la razón primera de las políticas neoliberales giraron no sólo alrededor de la implementación de la apertura de los mercados y la libre competencia, sino que también se centraron en deteriorar las condiciones de vida de los trabajadores con objeto de imponer un nuevo modo de subordinación, siendo el incremento del desempleo junto a una política de desregulación de la legislación laboral para reducir el marco de acción legal y político de los sindicatos, sus prácticas centrales para neutralizar las acciones reivindicativas, y, así, robustecer el dominio del capital sobre el trabajo.

El nuevo modelo de regulación flexible del trabajo, aunado a la profunda interrelación a escala internacional de la producción de bienes y servicios producto de la globalización económica neoliberal, la cual fue determinante para la implementación de formas segmentadas o descentralizadas de trabajo que se localizaron en economías nacionales diferentes, estableciendo redes supranacionales de producción que acudieron a una red de terciarización y subcontratación de trabajo precarizado y reducido costo laboral, sólo fueron posibles a partir de la implementación de las políticas-económicas neoliberales por parte de los Estados, y de su nueva intervención en función de la incremento en la obtención de beneficios por parte del capital con el consiguiente deterioro de la clase trabajadora, la cual, quedó subyugada bajo las leyes de mercado donde la fuerza laboral puede ser contratada o despedida de acuerdo a sus requerimientos y condiciones.

De manera que la transnacionalización de las economías y la expansión de las empresas multinacionales, viabilizó la igualación en las condiciones de organización y explotación de la fuerza de trabajo a nivel global, a partir de que los flujos y redes de capital se inclinaron por desterritorializar y flexibilizar el proceso productivo, para lo cual, fue determinante la acción conjunta de los Estados y el capital durante las últimas dos décadas del siglo pasado.

Particularmente, la falta de capacidad de pago de las deudas externas de los Estados de América Latina, fue, en general, un factor determinante para la progresiva introducción en los países de la región del nuevo ordenamiento político-económico neoliberal implementado por los gobernantes de los principales países capitalistas desarrollados, y sostenida por los organismos financieros internacionales (FMI y BM), siendo el decenio de los '80 el período de transición que gradualmente determinó el alejamiento del modelo de industrialización sustitutiva de importaciones y las políticas intervencionistas de origen keynesiano, y la apertura de un proceso de concentración y centralización del capital en el que los nuevos sectores monopólicos de las corporaciones transnacionales prevalecieron en la escena económica.

Los planes de ajuste estructural impuestos en la región por aquellos años, estuvieron orientados hacia el pago de intereses de las deudas, el traslado de los excedentes al exterior, limitar la capacidad de autonomía y acción de los gobiernos nacionales, crear las condiciones para que el capital transnacional y las empresas multinacionales impongan la regulación de los Estados, destruir las bases nacionales de acumulación de capital mediante la apertura de un proceso de desindustrialización y profundizar la dependencia estructural.

El impacto de las nuevas medidas fue la expansión de la deuda externa, la creación de procesos internos de recesión, caída de los salarios reales, incremento del desempleo y subempleo estructural, aumento de la tasa de explotación de la fuerza de trabajo y concentración del ingreso.

Durante la década de los '90 la implementación por parte de los Estados de Latinoamérica del programa formulado por el Consenso de Washington, avalado por las redes transnacionales de producción y promoción de ideas neoliberales y organismos internacionales (FMI, BM y OMC), determinaron la plena incorporación de las políticas-económicas neoliberales y la aplicación generalizada de un modelo de desarrollo cimentado en el capital privado, y en donde la intervención de los Estados se limitó a una nueva funcionalidad que permita el libre desempeño de las leyes de mercado y fije la prioridad de lo económico sobre lo político, librando a cada individuo a su propia suerte.

Por tanto, fue a partir del inicio de los años '90 cuando se efectúa la consagración del modelo económico neoliberal en la región, consiguiendo llevar adelante con toda su intensidad, y aún con mayor profundidad que en los países desarrollados, las nuevas condiciones de explotación del trabajador y el establecimiento del nuevo modo de regulación del trabajo impuestos por la reestructuración del sistema de acumulación capitalista, y que determinaron la conformación del nuevo escenario laboral a nivel global en detrimento de la clase trabajadora.

Por último, en Argentina la resolución de la disputa abierta en el terreno de la hegemonía política en los años '70 mediante el quiebre del régimen democrático y en la instauración de un nuevo gobierno dictatorial, abrió una etapa en la que se inaugura en el país la instrumentación de los postulados neoliberales. La apertura económica y financiera, y de una nueva fase exportadora tradicional, junto a un progresivo nivel de endeudamiento externo tanto privado como público, devino en la retracción y reestructuración regresiva de la producción industrial.

La reforma económica implementada por el régimen dictatorial en representación de los intereses de las élites tradicionales, fue la estrategia utilizada para la reforma política, cuyos efectos se apuntaron hacia el aniquilamiento de las alianzas populistas sostenidas sobre el aparato productivo industrial y, como derivado de ello, el establecimiento de la subordinación de los trabajadores.

La reestructuración económica neoliberal en este período, tuvo por objeto desmantelar el modelo de industrialización sustitutiva de importaciones y, a partir de esto, la modificación concluyente de las condiciones estructurales que habían posibilitado la movilización de los sectores populares.

Al igual que en la mayoría de los países de América Latina, el deterioro de las condiciones de vida de los trabajadores y el resultante disciplinamiento de los mismos en Argentina, se profundizó más aún durante el proceso de profundo replanteo de la estructura del Estado que se halló en consonancia con los postulados derivados del Consenso de Washington puesta en marcha en la década del '90, a las que se agregaron las demandas de las diferentes fracciones de los sectores dominantes.

Este decenio representó la coronación de las políticas económicas neoliberales destinadas a abordar la reafirmación del proceso de desindustrialización, la intensificación de la apertura de la economía y desregularización del sector financiero, la flexibilización laboral e incremento de la desocupación, la desvalorización del trabajo y la concentración de la distribución del excedente en manos de los sectores dominantes, deslizadas en un proceso de desregulación y reforma del Estado que dispuso, además, la venta de los activos más relevantes del patrimonio público.

Esto último conllevó, además, que la dinámica de acumulación y reproducción del capital de las distintas fracciones de los sectores dominantes, no sólo se llevara adelante a través del poder de definición y control que ejercieron sobre el conjunto de la economía del país y en la enérgica reestructuración de las condiciones laborales, sino también, que pudieran emprender un proceso de valorización del capital signado por la adquisición de activos públicos subvaluados, la apertura de un nuevo ciclo de endeudamiento externo, el retorno a la valorización financiera y la obtención de cuantiosas ganancias patrimoniales.

De manera que la acción del Estado y su alineamiento político-económico con los postulados neoliberales en el país, fue determinante para que en el transcurso de la década de los '90 se consolide la expansión de los grupos hegemónicos del capital concentrado, con el consiguiente deterioro de la clase trabajadora.

Finalmente, las trasformaciones acontecidas a nivel mundial durante las dos últimas décadas del siglo pasado en relación a las modificaciones que se implementaron en el escenario laboral, y que fueron deliberadamente en desmedro de la clase trabajadora, sólo pueden apreciarse con toda su intensidad y profundidad, más allá de las particularidades con las que se llevaron adelante en cada contexto, si se comprende que para ello fue determinante la ordenación de los Estados bajo los lineamientos del marco teórico-político neoliberal, y de la implementación por parte de éstos de una nueva forma de intervención en función del capital.

REFERENCIAS BIBLIOGRÁFICAS

ALBUQUERQUE de CASTRO, Rafael (2007) *"El Estado de Bienestar. El cambio de paradigmas. Los derechos sociales"*. Seminario Técnico Regional de la Asociación Internacional de la Seguridad Social (AISS): La regulación del derecho de la seguridad social en la agenda social de los Estados. Bogotá, ISSA/CISS/AMER/RC, 26-30 de noviembre. *En* http://: www.issa.int/pdf/bogota07/3**Albuquerque**.pdf *Acceso 11-01-2009*

AMIL, Mariana (2008) *"De los ciclos de stop and go a los ciclos de stop and stop. La consolidación de un modelo excluyente"*. II Jornadas de Economía Política 10 y 11 de noviembre-Campus UNGS. Bs. As., Instituto de Industria/Universidad Nacional de General Sarmiento.

ANDERSON, Perry (1999) *"Neoliberalismo: Un Balance provisorio"*. En SADER, Emir y GENTILI, Pablo (comps.), *La trama del neoliberalismo. Mercado, crisis y exclusión social*. Bs. As., CLACSO-Eudeba.

AÑEZ, Carmen y USECHE, María (2003) *"Modelos reguladores de las relaciones laborales"*. Revista Gaceta Laboral, Vol. 9, No. 2. Maracaibo, Universidad de Zulia, pp. 209-226. *En* http://redalyc.uaemex.mx/redalyc/pdf/336/33609203.pdf Acceso 17-02-2009

AÑEZ, Carmen (2004) *"El estado de Bienestar Social y el Neoliberalismo ante los derechos sociales"*. Revista de Ciencias Sociales (Ve), enero-abril, Vol. X, número 001. Maracaibo, Universidad del Zulia, pp. 70-82. *En* http://redalyc.uaemex.mx/redalyc/pdf/280/2801 0106.pdf Acceso 15-01-2009

ARACIL, Rafael, OLIVER, Joan, SEGURA, Antoni (1998) *De la segunda guerra mundial a nuestros días*. España, Ediciones UB.

AZPIAZU, Daniel; BASUALDO, Eduardo; SCHORR, Martín (2001) **La industria argentina durante los años noventa: profundización y consolidación de los rasgos centrales de la dinámica sectorial post-sustitutiva.** Bs. As., FLACSO.

AZPIAZU, Daniel (2002) *Las privatizaciones en la Argentina. Diagnóstico y propuestas para una mayor competitividad y equidad social.* Fundación OSDE–CIEPP.

BASUALDO, Eduardo (2000) **Acerca de la naturaleza de la deuda externa y la definición de una estrategia política.** Bs. As., FLACSO/I UNQUI /Página 12, Colección Economía Política Argentina.

BASUALDO, Eduardo y KULFAS, Matías (2002) *"La fuga de capitales en la Argentina"*. En GAMBINA, Julio (compil.), *La globalización Económico Financiera. Su impacto en América Latina*. Bs. As., CLACSO.

BASUALDO, Eduardo (2003) **"Las reformas estructurales y el Plan de Convertibilidad durante la década del noventa. El auge y la crisis de la valorización financiera"**. Revista Realidad *Económica* N° 200. Bs. As., IADE, pp. 42-83.

BASUALDO, Eduardo (2004) *"Notas sobre la burguesía nacional, el capital extranjero y la oligarquía pampeana"*. Revista *Realidad Económica* N° 201. Bs. As., IADE, pp. 1-12.

BASUALDO, Eduardo M y NAHÓN, Cecilia (2004) *"La presencia de las empresas privatizadas en el sector externo argentino durante la década de 1990. Análisis de sus en el Balance de pagos"*. Documento de Trabajo N° 13. Bs. As., FLACSO, pp.1-67.

BASUALDO, Eduardo; NAHÓN, Cecilia; NOCHTEFF, Hugo (2005) *"Trayectoria y naturaleza de la deuda externa privada en la Argentina: la década del noventa, antes y después"*. Documento de trabajo N° 14. Bs. As., FLACSO, pp. 1-118.

BASUALDO, Eduardo (2006) *"La reestructuración de la economía argentina durante las últimas décadas de la sustitución de importaciones a la valorización financiera*. En BASUALDO, Eduardo y ARCEO, Enrique (comps.), *Neoliberalismo y sectores dominantes. Tendencias globales y experiencias nacionales*. Bs. As., CLACSO.

BASUALDO, Eduardo y NAHÓN, Cecilia (2007) *"Empresas privatizadas y sector externo en Argentina durante la convertibilidad"*. En (AA.VV.), *Empresa y Globalización. Estrategias de Internalización*. Revista Comercio Exterior, Vol. 57, NÚM. 3, MARZO. México, pp. 169-182.

BORÓN, Atilio (2003) *Estado, capitalismo y democracia en América Latina*. Bs. As., CLACSO.

BRIEGER, Pedro (2002) *"Globalización y ajuste en América Latina. De la década perdida a la idea del mito neoliberal"*. En GAMBINA, Julio (compil.), *La globalización Económico Financiera. Su impacto en América Latina*. Bs. As., CLACSO.

BULMER, Thomas (1998) *La Historia Económica de América Latina desde la Independencia*. México, Fondo de Cultura Económica.

CALCAGNO, Alfredo (2001) *"Ajuste estructural, costo social y modalidades de desarrollo en América Latina"*. En Emir Sader (Comp.), *El ajuste estructural en América Latina. Costos sociales y alternativas*. Bs. As., CLACSO.

CALCAGNO, Alfredo (2001a*) Argentina: crisis y perspectivas*. Caracas, BCV.

CALVENTO, Mariana, (2007) *Profundización de la Pobreza en América Latina. El caso de Argentina 1995-1999*. Edición electrónica gratuita.
En http:// www.eumed.net/libros/2007a/252/ Acceso: 12-01-2009

CAMEJO, Armando (2005) *"Crisis del modelo fordista o Estado de Bienestar en Venezuela: Reforma de la Ley Orgánica del Trabajo 1989-2004"*. Revista *Gaceta Laboral* (online), ago., Vol.11, no.2, Maracaibo, Universidad de Zulia, p.230-249.
En
http://redalyc.uaemex.mx/redalyc/src/inicio/ArtP dfRed.jsp?iCve=33611204 Acceso 23-03-2009.

CANITROT, Adolfo (1979) *La disciplina como objetivo de la política económica. Un ensayo sobre el programa económico del gobierno argentino desde 1976*. Bs. As, estudios cedes.

CASTEL, Robert (1997) *La metamorfosis de la cuestión social. Una crónica del asalariado*. Bs. As.-Barcelona-México, Paidós.

CASTELLANI, Ana (2004) *"Gestión económica liberal-corporativa y transformaciones al interior de los grandes agentes económicos de la Argentina durante la última dictadura militar"*. En PUCIARELLI, Alfredo (compil.), *Empresarios, tecnócratas y militares: la trama corporativa de la última dictadura*. Bs. As., Siglo XXI Editores.

CASTILLO, Christian (2006) *"Apreciaciones acerca de un "cuarto relato" sobre el proceso revolucionario de los setenta"*. Projeto História, São Paulo, n.33, dez, pp. 45-61.
En
www.pucsp.br/projetohistoria/downloads/volume33/artigo_01.pdf *Acceso 20-04-2009*

CATALANO, Ana María, AVIOLO de COLS, Susana, SLADOGNA, Mónica (2004) *Diseño curricular basado en normas de competencia laboral: conceptos y orientaciones metodológicas*. Bs. As., Banco Interamericano de Desarrollo (BID)/ Fondo Multilateral de Inversiones (FOMIN).

CORIAT, Benjamín (1992) *El taller y el cronómetro: Ensayo sobre el taylorismo, el fordismo y la producción en masa*. Madrid, Siglo XXI.

CORIAT, Benjamín (1995) *Pensar al revés. Trabajo y organización de la empresa japonesa*. México, Siglo XXI, México.

CORTÉS, Fernando, (2001) *"Acerca de la reforma y la desigualdad económica"*. En ZICCARDI, Alicia (comp.), *Pobreza, desigualdad social y ciudadanía. Los límites de las políticas sociales en América Latina*. Bs. As., CLACSO,

CHUDNOVSKY, Daniel; LÓPEZ, Andrés; PORTA, Fernando (1992) *Ajuste estructural y estrategias empresariales en la Argentina. Un estudio de los sectores petroquímico y de máquinas herramientas*. Bs. As., CENIT, DT N° 10/ Noviembre.

DE LA GARZA, Enrique (1992) *"Neoliberalismo y Estado"*, en: LAURELL ASA, Cristina, (Coord.), *Estado y Políticas Sociales en el Neoliberalismo*. México, Fundación FRIEDRICH EBERT STIFTUNG.

DE LA GARZA, Enrique, (1999) *"Epistemología de las Teorías Sobre Modelos de Producción"*. Revista los retos teóricos de los estudios del trabajo hacia el siglo XXI. Bs. As., CLACSO.

ESCOBAR de PABÓN, Silvia (2005) *"Globalización, trabajo y pobreza: el caso de Bolivia"*. En ÁLVAREZ, Sonia (compil.), *Trabajo y producción de la pobreza en Latinoamérica y el Caribe: estructuras, discursos y actores*. Bs. As., CLACSO.

FALETTO, Enzo (2003) *"La especificidad del Estado en América Latina"*. Revista electrónica de estudios latinoamericanos, Volumen 1, N° 4 julio-setiembre. Bs. As., UDISHAL-Facultad de Ciencias Sociales, UBA., pp. 03-20.

En
www.iigg.fsoc.uba.ar/hemeroteca/**elatina**/**elati na4**.pdf
Acceso 15-01-2009

FÉLIZ, Mariano (2005) *"La reforma económica como instrumento de disciplinamiento social: la economía política de las políticas contra la pobreza y la desigualdad en Argentina en los '90"*. En ÁLVAREZ, Sonia (compil.), *Trabajo y producción de la pobreza en Latinoamérica y el Caribe: estructuras, discursos y actores*. Bs. As., CLACSO.

FERNÁNDEZ BRIGNONI, Hugo (2001) *"Los límites a la protección del trabajo. El concepto de subordinación frente a las nuevas realidades"*. Revista Gaceta Laboral, enero-abril, año/Vol. 07, número 001. Maracaibo, Universidad del Zulia, pp. 5-18.
http://148.215.1.41/src/inicio/IndArtRev.jsp?iCv eNumRev=6192&iCveEntRev=336&institucion
Acceso 24-03-2009

FILMUS, Daniel (1999) *Estado, sociedad y educación en la Argentina de fin de siglo. Procesos y desafíos*. Bs. As., Troquel.

FRASCHINA, Juan (2008) *"La evolución del comercio exterior en la economía post convertibilidad: ¿el retorno del modelo stop and go?"*. ASOCIACIÓN ARGENTINA DE HISTORIA ECONÓMICA, UNIVERSIDAD NACIONAL DE TRES DE FEBRERO. XXI JORNADAS DE HISTORIA ECONÓMICA Caseros (Pcia. de Buenos Aires) 23–26 de septiembre.

FRENKEL Roberto, FANELLI José María, SOMMER Juan (1988) *"El proceso de endeudamiento externo argentino"*. Bs. As., Documento DEDES/2.

GALLO, Marcos, (2007) *"Políticas económicas y modelo de acumulación: el quiebre de la industrialización sustitutiva y las políticas económicas de la dictadura"*, en Instituto de Investigación Social, Económica y Política Ciudadana (ISEPCi).
En www.isepci.org.ar/marcosgallo.pdf *Acceso 15-04-2009*

GAMBINA, Julio (2001) *"Estabilización y reforma estructural en la Argentina (1989/99). En SADER, Emir (Compil.), El ajuste estructural en América Latina. Costos sociales y alternativas.* Bs. As., CLACSO.

GAMBINA Julio, GARCÍA, Alfredo, BORZEL Mariano, CASPARINO, Claudio (2002), *"Vulnerabilidad externa y dependencia de la economía argentina".* En GAMBINA, Julio (compil.), La Globalización Económico Financiera. Su impacto en América Latina. BS. As., CLACSO.

GARCÍA DELGADO, Daniel (1998) *"Estado-nación y globalización. Fortalezas y debilidades en el umbral del tercer milenio".* Bs. As., Ariel.

GORDON, Sara (2001) *"Ciudadanía y derechos sociales: ¿criterios distributivos?".* En ZICCARDI, Alicia (Compil.), *Pobreza, desigualdad social y ciudadanía. Los límites de las políticas sociales en América Latina.* Bs. As., CLACSO.

GRINBER, Silvia (2003) *El mundo del trabajo en la escuela.* Bs. As., Jorge Baudino-UNSAM.

HARVEY, David (1998) *La condición de la posmodernidad. Investigación sobre los orígenes del cambio cultural*. Bs. As., Amorrortu Ediciones.

HIRST, P., y ZEITLIN, J., (1991) *"Especialización Flexible vs. Postfordismo: Teoría, Evidencia e Implicaciones Políticas"*. *Papers de Seminari*, n°. 33 y 34, pp. 1-81.

JESSOP, Bob (1999) *"La crisis del Estado de bienestar, hacia una nueva teoría del Estado y sus consecuencias sociales"*. Bogotá, Siglo del Hombre, Universidad Nacional de Colombia.

KATZ, Jorge, y KOSACOFF, Bernardo (1989) *El proceso de industrialización en Argentina; evolución, retroceso y prospectiva*. Bs. As, CEPAL.

KULFAS, Matías (2001) *El impacto del proceso de fusiones y adquisiciones en la Argentina sobre el mapa de grandes empresas. Factores determinantes y transformaciones en el universo de las grandes empresas de capital local*. Bs. As., CEPAL-SERIE Estudios y perspectivas N° 2.

KULFAS, Matías; SCHORR, Martín (2003) *La deuda externa Argentina. Diagnóstico y lineamientos propositivos para su reestructuración*. Argentina, Fundación OSDE-CIEPP

LIPIETZ, Alain (1994) *"El postfordismo y sus espacios. Las relaciones capital-trabajo en el mundo"*. Documento N° 4. Bs. As, Programa PIETTE, Facultad de Ciencias Económicas-UBA.

MARONGIU, Federico (2007) *"La reforma del sistema financiero argentino de 1977 como factor fundamental para la instauración del modelo económico neoliberal en la Argentina"* Universidad de Buenos Aires, Centro de Estudios para el Desarrollo Argentino (CENDA), CIPPEC, pp. 1-19.
En http://mpra.ub.uni-muenchen.de/6340/
Acceso 25-04-2009

MATO, Daniel (2007) *"THINK TANKS, fundaciones y profesionales en la promoción de ideas (neo) liberales en América Latina"*. En GRIMSON, Alejandro (coord.), *Cultura y Neoliberalismo*. Bs. As., CLACSO.

MECLE ARMIÑANA, Elina S. (2001) *"Los derechos sociales en la Constitución Argentina y su vinculación con la política y las políticas sociales"*. En ZICCARDI, Alicia (compil.), *Pobreza, desigualdad social y ciudadanía. Los límites de las políticas sociales en América Latina*. Bs. As., CLACSO.

MEDINA NÚÑEZ, Ignacio (1998) *"Estado Benefactor y reforma del Estado"* Red de Revistas Científicas de América Latina y el Caribe, España y Portugal, enero-abril, año/Vol. IV, número 011. México, Esperial, Universidad de Guadalajara, pp. 23-45.
En http://redalyc.uaemex.mx Acceso 11-03-2009

MÍGUEZ, Pablo (2008) *"Las transformaciones recientes de los procesos de trabajo: desde la automatización hasta la revolución informática"*. Trabajo y Sociedad. Indagaciones sobre el trabajo, la cultura y las prácticas políticas en sociedades segmentadas Nº 11, Vol. X, primavera. Santiago del Estero, Argentina, Caicyt-Conicet, pp. 1-20.

En www.unse.edu.ar/trabajoysociedad Acceso 10-01-2009

NEFFA, Julio César (1998) *Los paradigmas taylorista y fordista y sus crisis: una contribución a su estudio desde la teoría de la regulación*. Bs. As, Trabajo y Sociedad, PIETTE, CONICET.

NEFFA, Julio César (1999) *"de los Nuevos Modelos de Producción"*. Revista los retos teóricos de los estudios del trabajo hacia el siglo XXI. Bs. As., Clacsco, pp. 69-115.

NEFFA, Julio César (2005) *"Pobreza y producción de la pobreza en Latinoamérica y el Caribe"*. En ÁLVAREZ, Sonia (compil.), *Trabajo y producción de la pobreza en Latinoamérica y el Caribe: estructuras, discursos y actores*. Bs. As., CLACSO.

NOCHTEFF, Hugo (1999) *"La política económica en la Argentina de los noventa. Una mirada de conjunto"*. Bs. As, Revista época, Nº. 1, diciembre.

NOVICK, Marta, (2000) *"Reconversión segmentada en la Argentina: empresas, mercado de trabajo y relaciones laborales a fines de los noventa"*. En De La GARZA, Enrique (compil.), *Restructuración productiva, mercado de trabajo y sindicatos en América Latina*. Bs. As., CLACSO.

O'DONNELL, Guillermo (1985) *"Las tensiones en el Estado burocrático autoritario y la cuestión de la democracia"*, en COLLIER, D (compil.), *El nuevo autoritarismo en América Latina*. México, Fondo de Cultura Económica.

PALOMINO, Héctor (2003) *"Los efectos de la apertura comercial sobre las relaciones laborales en Argentina"*. En De La GARZA TOLEDO, Enrique y SALAS, Carlos (Compil.), *NAFTA y MERCOSUR. Procesos de apertura económica y trabajo.* Bs. As., CLACSO.

PELAEZ, Eloina y HOLLOWAY, John (1994) *"Aprendiendo hacer reverencias. Posfordismo y Determinismo Tecnológico".* En BONFELD, Wernwery y HOLLOWAY, John *¿Un Nuevo Estado? Debate Sobre la Restructuración del Estado y el Capital.* México, Cambio XXI.

PRZEWORSKI, Adam y WALLERSTEIN, Michael (1988) "*El capitalismo democrático en la encrucijada".* En PRZEWORSKI, Adam *Capitalismo y Socialdemocracia.* Madrid, Alianza Universidad.

QUINTELA, Roberto, (2005) *Crisis bancarias y corrupción.* Bs. As, DUNKEN.

RAMÍREZ MORENO, Humberto (2002) *"Keynes y el Estado de Bienestar".* Aquelarre Nº 1 Enero-Junio, Revista semestral del Centro Cultural de la Universidad del Tolima, pp. 89-100.
En *utolima.ut.edu.co/centrocultural/Archivos/Aquel arre_01.pdf* Acceso 12-01-2009

RAMOS, Laura (2002) *"¿Cómo es posible que uno de los países más ricos del mundo esté al borde de la quiebra?"* ODG. Cátedra UNESCO a la UPC, Julio, pp. 1-20
En:
www.**odg**.cat/documents/enprofunditat/Paisos_periferia/**laura_ramos**.pdf Acceso 25-04-2009

RAPOPORT, Mario (2002) *"Orígenes y actualidad del "pensamiento único".* En GAMBINA, Julio (compil.), *La Globalización Económico Financiera. Su impacto en América Latina.* Bs. As., CLACSO.

RAPOPORT, Mario (2007) *"Mitos, etapas y crisis en la economía argentina".* Nación - Región - Provincia en Argentina, No. 1, pp. 1-16.
En www.serviciosesenciales.com.ar/articulos/nacion-rapoport.pdf Acceso 11-04-2009

RODRÍGUEZ, María y MENDOZA, Hermelinda (2007) *"Sistemas productivos y organización del trabajo: Una visión desde Latinoamérica".* Revista Gaceta Laboral, Vol. 13, No. 2. Maracaibo, Universidad del Zulia, pp. 218-241. En *redalyc.uaemex.mx/redalyc/pdf/336/33613204.pdf Acceso 17-02-2009*

SANTARCÁNGELO, Juan y SCHORR, Martín (2001) *"Dinámica laboral en la Argentina durante los años noventa: desocupación, precarización de las condiciones de trabajo y creciente inequidad distributiva",* ponencia presentada en el 5to. Congreso Nacional de Estudios del Trabajo organizado por la Asociación Argentina de especialistas en Estudios del Trabajo (ASET), Buenos Aires, agosto.
En *aset.org.ar/congresos/5/aset/PDF/SANTARCANGELO-SCHORR.PDF* Acceso 23-04-2009

SCHORR, Martín (2001) *"¿Atrapados sin salida?: la crisis de la convertibilidad y las contradicciones en el bloque de poder económico"*. Bs. As., FLACSO.

SCHORR, Martín (2006) *"La industria argentina entre 1976 y 1989. Cambios estructurales regresivos en una etapa de profundo replanteo del modelo de acumulación local"* en Papeles de Trabajo número 1, pp. 1-55.
http://www.idaes.edu.ar/papelesdetrabajo/paginas/Documentos/Martin_Schorr.pdf Acceso 11-04-2009

SINISI, Liliana (1999) *"La relación nosotros-otros en espacios escolares multiculturales. Estigma, estereotipo y racialización"*. En NEUFELD Y THISTED (compil.), *De eso no se habla...los usos de la diversidad sociocultural en la escuela*. Bs. As., Eudeba.

SOTELO VALENCIA, Adrián (2003) *La restructuración del mundo del trabajo, superexplotación y nuevos paradigmas de la organización del trabajo*. México, Itaca-UOM-ENAT.

TEDESCO, Juan Carlos (2000) *Educar en la sociedad del conocimiento*. Bs. As., Fondo de cultura económica.

THWAITES REY, Mabel (1999) *El Estado: Notas sobre su(s) significados*. Bs. As., Publicación de la FAUD-Universidad Nacional de Mar del Plata.

TOUSSAINT, Eric., (2002) *"Deuda externa, movimiento de capitales y tasa Tobin. De norte a sur: crisis de la deuda y planes de ajuste"*. En GAMBINA, Julio (compil.), *La Globalización Económico Financiera. Su impacto en América Latina*. Bs. As., CLACSO.

VALENZUELA, Carlos (1992) *"El Estilo Neoliberal y el Caso Mexicano"*. En LAURELL ASA, Cristina (Coord.), *Estado y Políticas Sociales en el Neoliberalismo*. México, Fundación FRIEDRICH EBERT STIFTUNG.

WELLER, Jürgen (2004) *"El empleo terciario en América Latina: entre la modernidad y la sobrevivencia"*. REVISTA DE LA CEPAL N° 84, diciembre, pp. 159-176.

ZELLER, Norberto (coord.) (2001) *Regulación e intervenciones del Estado Nacional en el Empleo y el Mercado de Trabajo durante los años noventa*. Bs., As., Documento de Trabajo, INAP.

www.ingramcontent.com/pod-product-compliance
Lightning Source LLC
Chambersburg PA
CBHW051250250726
48656CB00004B/1216